Samir Amin
Die Zukunft des Weltsystems

Samir Amin, geb. 1931, war von 1957 bis 1960 Mitarbeiter der ägyptischen Behörde für ökonomische Entwicklung, von 1960 bis 1963 Berater der Regierung Malis, danach Direktor des Afrikanischen Instituts für ökonomische Entwicklung und Planung. Heute leitet er das Afrika-Büro des Dritte-Welt-Forums in Dakar.

Joachim Wilke, geb. 1928, war wissenschaftlicher Mitarbeiter am Zentralinstitut für Philosophie an der Akademie der Wissenschaften der DDR, ist jetzt assoziierter Forscher am CNRS (Centre National de la Recherche Scientifique) in Paris.

Samir Amin

Die Zukunft des Weltsystems

Herausforderungen der Globalisierung

Herausgegeben und aus dem Französischen übersetzt
von Joachim Wilke

VSA-Verlag Hamburg

Titel der französischen Originalausgabe:
Les Défis de la Mondialisation

Folgende Kapitel wurden für diese Ausgabe übersetzt:

Capitalisme et système-monde; L'avenir de la polarisation mondiale; Mondialisation et financiarisation; L'Europe au défi; Pour une stratégie de la libération

Gedruckt auf Recyclingpapier mit 100% Altpapieranteil

Druck- und Buchbindearbeiten: Druckerei Runge, Cloppenburg
ISBN 3-87975-694-5

Inhalt

Vorwort zur deutschen Ausgabe

Samir Amins Buch ist unbequem. Sein Autor sieht die Welt vom Süden her; da schaut sie anders aus als an der Außenalster oder in Sankt Augustin. Er faßt die Welt zudem in ihrem Zusammenhang, d.h. als kompliziertes und in tiefer Krise befindliches Gesamtsystem. Ernst und Vielfalt der Probleme lassen Amin nicht an Rezepte glauben, die raschen Aufschwung und blühende Landschaften für bald verheißen, sei es nach der Liberalisierung oder nach einer Revolution. Die Suche nach solideLösungen verlangt Geduld – die Geduld, Umschau, Rückschau und Vorausschau zu halten, Theoriearbeit und -kritik in Zeiten und Räume übergreifenden Dimensionen zu leisten und vor allem über lange Fristen hinweg zielstrebig politisch zu handeln. Amin zufolge steht die Welt vor einer Alternative, die nicht von heute auf morgen verschwinden wird. Nicht zum ersten Mal von Globalisierungsprozessen erfaßt, hat sie Ungutes zu erwarten, wenn diese jetzt in nie dagewesenen Dimensionen über sie hinwegfegen, chaotisch, verwüstend wie eine gigantische Sturmflut. Aber das ist nicht unvermeidlich. Denn nicht Naturgewalten wirken hier, sondern bestimmte unsoziale Sozialstrategien. Der Widerspruch im Ausdruck verweist darauf, daß anderes gesucht, gefunden und durchgesetzt werden kann. Die Welt *kann* eine menschenwürdige Zukunft haben, aber dann und nur dann, wenn Volkskräfte Schritt für Schritt das Heft in die Hand nehmen und nach überlegten, immer wieder präzisierten Konzepten den langen Weg zu einer neuen Zivilisation beschreiten. In allen anderen Fällen sind Niedergang, ja Untergang so gut wie garantiert. Das ist die Botschaft.

Ihre Adressaten sind, logischerweise, nicht die Eliten des jetzt dominanten Systems, sondern die antisystemaren Kräfte, die Volkskräfte, wie Amin sie nennt: die überwältigende Mehrheit der Erdbevölkerung, die jenem Globalsystem ausgesetzt ist. Für sie kommt es darauf an, die Logik(en) ihrer Lebensinteressen zu erfassen und sie als immer stärkeres Gegengewicht zur immanenten Logik des Systems geltend zu machen, bis sich die Waagschale zu ihren Gunsten neigt. Derartiges geschieht bereits in vielen Weltteilen; nötig ist, davon Kenntnis zu nehmen, Folgerungen zu ziehen, Kohärenz zu erreichen. Viel Verantwortung fällt den Europäern zu und unter ihnen, ihres Einflusses wegen, den Deutschen, genauer gesagt, den deutschen Werktätigen, Sozialisten und anderen Linken.

Von ihnen, nicht von hochdotierten Leistungsträgern, wird etwas erhofft: ein Beitrag zur Zukunft der Welt durch aktives Eingreifen in den Aufbau des vereinten Europa. Eine Linkswende in diesem Projekt durchzusetzen, das wäre ihre Aufgabe. Schwer zu lösen, aber unumgänglich und wesentlich für den Planeten.

Diese Botschaft kommt zu uns aus der Hafenstadt Dakar, Hauptstadt Senegals, einem intellektuellen Umschlagplatz des Südens. Samir Amin, 1931 in Kairo geboren, Professor der Ökonomie, Spezialist für Weltwirtschaftsfragen, leitet dort das Afrika-Arabien-Büro des Forums der Dritten Welt, eines von Lateinamerika bis nach Ostasien wirkenden Netzwerks. Amin ist einer der angesehensten Sprecher dieser Weltregionen. Das nicht nur, weil er in Forschung und Lehre an mehreren Universitäten wissenschaftliches Ansehen errungen hat, sondern weil seine Lebensarbeit den Mühen seiner Heimat Ägypten, dann der Wahlheimaten Mali und Senegal galt, sich nach langen Kolonialzeiten wieder menschenwürdige Lebensverhältnisse aufzubauen. Er hat in den Planungsstäben dieser Länder mitgewirkt, hat das Afrikanische Institut für ökonomische Entwicklung und Planung geleitet, hat also Aufschwünge, Hoffnungen und Niederlagen nicht als Zuschauer erlebt. Die Hintergründe analysiert er seit seiner 1957 in Paris verteidigten Doktorarbeit vom Standpunkt eines unabhängigen Marxisten, der kein Blatt vor den Mund nimmt. So nennt er den Kapitalismus Kapitalismus und zieht kein Strichlein zwischen moderner und kapitalistischer Gesellschaft; allerdings war auch das, was die einen für den »realen Sozialismus«, die anderen für »den Kommunismus« hielten, ihm zufolge ein Kapitalismus ohne Kapitalisten, weit entfernt von der anzustrebenden neuen Zivilisation des Weltsozialismus.

Bei jeder Begegnung erstaunt mich sein Verständnis für die Volkskräfte im Norden. Amin übte von links her Kritik am »Sowjetismus« und den historischen Formen des Marxismus, die schlicht übersahen, daß drei Viertel der Erdbevölkerung durch die Polarisierungsmechanismen des modernen Weltsystems in relative, ja auch absolute Verelendung gezwungen werden. Dennoch würdigt er die Leistungen progressiver Nordamerikaner, europäischer Sozialdemokraten, deutscher Linkssozialisten und der vielen aufrechten Mitwirkenden am gescheiterten Selbstbehauptungsversuch des europäischen Ostens. Seit ich ihn kennengelernt habe – 1991 in Paris, das war erst nach diesem Scheitern möglich –, gilt mir der drei Jahre Jüngere als einer meiner Mentoren, ohne daß ich jede seiner Thesen unterschreiben würde. Manche kann ich schwer akzeptieren, hatte ich doch einiges an Arbeit in den »Realsozialismus« investiert; jedenfalls bemühte ich mich gleich, Amins Buch über das »Reich des Chaos« in Deutschland herauszubringen. Was auch gelang, 1992 bei VSA.

Danach kosteten Prinzipien- und Strategiedebatten unter deutschen Freunden viel Kraft, Papier und Aktionszeit. Manch heutige Einsicht hätte sich leichter gewinnen lassen, durch Nachlesen im »Reich des Chaos«. So besonders zur Bewertung der jüngsten Geschichte (nach 1945) und der Gegenwart sowie zu spezifischen Aktionslinien in den Hauptregionen der Welt. Der vorliegende Titel vertieft und präzisiert die Analyse. Wesen und Widersprüche der modernen, d.h. der kapitalistischen Gesellschaft erscheinen deutlicher aus ihrer historischen Herkunft, ihrem jetzigen Wirken, ihren wahrscheinlichen Konsequenzen in der Zukunft. Schwerpunkte für das Erarbeiten effizienter Etappenstrategien, die auch neue soziale Kompromisse und »radikale Reformen« vorsehen sollten, werden genauer benannt. Aus dem umfangreicheren französischen Original wurden für diese Ausgabe Texte ausgewählt, die speziell für Europa (und damit für die BRD), für seine (unsere) Gegenwart und Zukunft relevant sind; das ist, wie oben gesagt, durchaus im Sinn des Autors. Sie können heimische Ansätze stören: solche, die noch im Geist des »Realsozialismus« auf relativ kurzschlüssige Lösungen setzen; solche, die sich eher dem System anpassen, als es seinerseits zur Anpassung an die Volksinteressen zu zwingen; solche schließlich, die vor lauter Systemnähe auf ideologische Standortparolen eingehen und nicht beachten, daß weltweit schon Hunderte von Millionen Menschen, ganze Großregionen, gegen deren Hintergründe aufbegehren. Das Buch bietet andere, konstruktive Ansätze mit weiten Perspektiven; aber es verlangt die Anstrengung, umzudenken und das Handeln zu ändern. Diese Ladung Unbequemes aus Dakar sei also hier angelandet, in Hamburg, wieder bei VSA.

Joachim Wilke

Kapitalismus und Weltsystem

Die Spezifik der modernen kapitalistischen Welt

Zu diesem Thema unterbreite ich drei einander ergänzende Thesen.

Erste These: Die kapitalistische Produktionsweise bringt einen qualitativen Bruch mit den vorangegangenen Systemen. In der modernen, der kapitalistischen Welt bestimmt das Wertgesetz nämlich nicht nur das Wirtschaftsleben, sondern das ganze Sozialsystem. D.h. es bestimmt den Inhalt der spezifischen Ideologie dieses neuen Systems, des »Ökonomismus« oder besser der »ökonomistischen Entfremdung«, ebenso wie die neuen und spezifischen Verhältnisse zwischen der ökonomischen Basis des Systems und seinem politischen und ökonomischen Überbau («Dominanz des Ökonomischen«, »Politik als komprimierte Ökonomie«; mit anderen Worten: »Der Reichtum gebietet der Macht«, wogegen zuvor »die Macht dem Reichtum gebot«).

Überlegen ist dieses System nicht nur wegen der unerhörten Entwicklung der Produktivkräfte, die es erlaubte, sondern auch in seinen anderen Aspekten auf politischer und ideologischer Ebene, mit dem modernen Demokratie-Konzept. Zugleich ist sein Kennzeichen, das exponentielle Wachstum, unvermeidliches und fatales Ergebnis der Dominanz des unerbittlichen Akkumulationsgesetzes über das ganze Sozialsystem. Exponentielles Wachstum aber führt, wie Wallerstein bemerkt, wie wuchernder Krebs notwendig zum Tod. Die geniale Intuition eines Marx war genau dies: zu begreifen, daß der Kapitalismus deswegen ein Ende finden, durch ein qualitativ neues System ersetzt werden muß, das die Entwicklung der Produktivkräfte einer sozialen Logik zufolge regelt und sie nicht mehr allein der mechanischen Logik der entfremdeten Ökonomik überläßt.

Zweite These: Das moderne, das kapitalistische System ist das erste, das global ist. Seine Teile sind sämtlich in einer weltweiten Arbeitsteilung integriert, die wesentliche Massenkonsumgüter bzw. deren Produktionsmittel betrifft; parallel dazu ist die Kommerzialisierung (Vermarktung) der Produktion unvergleichlich stärker als in früheren Epochen. Auf dieser Ebene erscheint es als globales und von dem, wie ich sage, globalisierten Wertgesetz regiertes Wirtschaftssystem.

Dritte These: Das globalisierte Wertgesetz führt mit Notwendigkeit zur Polarisierung, d.h. zu mit der Akkumulation weltweit verbundener Verarmung, einem neuen Phänomen ohne Beispiel in der früheren Geschichte. Das ist bestimmend für alle großen, im Vordergrund stehenden Konflikte: die Revolte der Völker der Peripherien und ihre Folgen; das Rivalisieren der Zentren um die Dominanz in diesem Globalsystem; und es bestimmt auch die Effizienz der Strategien, die letztlich auf Überwindung des Systems abzielen.

Die sozialistische Kapitalismuskritik galt in der Hauptsache der Ausbeutungsweise der Arbeit durch das Kapital und den sozialen Wirkungen der systembeherrschenden Kapitalakkumulation (dem zum Leitwert erhobenen Warenfetischismus oder der Entfremdung durch die Ware usw.). Sie erhob sich allmählich von der moralischen Ablehnung zum mehr wissenschaftlichen Verständnis der Mechanismen und Gesetze des Systems, seiner Widersprüche und daher auch der Mittel zu seiner Überwindung. Auf dieser Ebene erreichte die sozialistische Kritik in der marxistischen Ausprägung ihren Höhepunkt. Für mich ist das eine wesentliche, grundlegende, unumgängliche Kritik. Relativ schwach entwickelt blieb die sozialistische Kritik – auch im historischen Marxismus – jedoch bezüglich der anderen Dimension des Kapitalismus, d.h. seiner auf Polarisierung des Systems gegründeten Entfaltung als Weltsystem.

Die in der Weltsystem-Perspektive betriebenen Kapitalismusanalysen haben den Schwächen des historischen Sozialismus etwas abgeholfen, indem sie gerade den globalen Charakter des kapitalistischen Systems und seine in diesem Maßstab polarisierende Wirkung hervorhoben. Insofern sind sie unersetzlich.

Unmittelbar erscheint das kapitalistische System ja wirklich als »Weltwirtschaft«, die im politischen Rahmen eines organisierten Systems souveräner Staaten operiert. Allerdings führt der Gegensatz von »Weltwirtschaft« und »Weltreich« mit Notwendigkeit auf den qualitativen Gegensatz zwischen kapitalistischer Produktionsweise (wo die Ökonomie nicht nur letztendlich die Sozialverhältnisse bestimmt, sondern als dominierende Instanz fungiert und die Evolutionen von Politik und Ideologie Sachzwängen der Anpassung an die selbständigen Erfordernisse der Kapitalakkumulation zu folgen scheinen) und früheren Produktionsweisen (wo die Gesetze der Ökonomie nicht als selbständige Erscheinungsformen der Notwendigkeit auftreten, sondern vielmehr als Ausprägungen der politischen und ideologischen Ordnung; weil das die vorangehenden sozialen Organisationsformen sämtlich kennzeichnet, schien mir die Sammelbezeichnung »tributäre Produktionsweise« sinnvoll, da sie jenen qualitativen Gegensatz unterstreicht). Die dominanten kapitalistischen Zentren suchen nicht ihre politische Macht durch imperiale Eroberung auszudehnen, denn sie können ihre Dominanz wirklich mit ökonomischen Mitteln ausüben; die Staaten früherer Epochen zogen erst dann sicheren Gewinn aus ökonomischer Abhängigkeit ihrer ggf. vorhandenen Peripherien, wenn diese in ihrem politischen Dominanzfeld lagen. Ich poche auf diese Analyse des qualitativen Kontrasts, denn ohne sie bleibt die Wahrnehmung des Kapitalismus als Globalsystem deskriptiv und phänomenal.

Die theoretischen und ideologischen Elaborate, die als Erwiderungen auf die sozialistische Systemkritik und insbesondere als »Antworten an Marx« aufkamen, gehen über den hier aufgewiesenen qualitativen Kontrast hinweg und suchen daher unter allerlei Aspekten der unmittelbaren Anschauung nach den spezifischen Merkmalen der Moderne. Max Weber ist ein gutes Beispiel für diesen Versuch. Weber bringt die »patrimoniale« alte Welt in Gegensatz zum »objektiven, legalistischen und bürokratischen« System der Moderne. Dieser vorgebliche Kontrast hat keine wissenschaftliche Grundlage: Die tributäre Welt ist in ihren entwickelten Formen gerade »legalistisch und bürokratisch«, wie die »Bürokratie des Reichs des Himmels« belegt, und patrimonial wirkt sie nur in ihren marginalen und peripheren Formen (wie im Europa des Hochmittelalters); die kapitalische Produktionsweise ist dem bürgerlichen Inhalt nach demokratisch und nur in der Erscheinungsform bürokratisch. Mag auch bei unvollkommener kapitalistischer Entwicklung die Form den Inhalt überwuchern wie im Bismarck-Deutschland – die radikalen Evolutionen Englands und Frankreichs zeigen etwas anderes. Die Webersche Theorie ist m.E. also nur eine unzulässige Extrapolation aus der deutschen Spezifik. Nicht minder oberflächlich sind die anderen Thesen zum Kontrast »Tradition/Moderne«. So ist die Betonung des Kontrasts »privat/öffentlich« eine beispielhafte Projektion der ideologischen Selbstwahrnehmung des Kapitalismus, der sich als Triumph des »Privaten« über »den Staat« sieht. Ebenso vermengt die Betonung der Demokratie als modernes Konzept Wahres und Falsches. Richtig ist zwar, meiner theoretischen Sicht zufolge, daß das moderne Demokratiekonzept mit Notwendigkeit aus der Umkehrung der Dominanz des Ideologisch-Politischen zugunsten des Ökonomischen resultiert, aber doppelt falsch ist es, daraus die umkehrbare Gleichung Kapitalismus = Demokratie abzuleiten. Denn zum einen bleibt die betreffende Demokratie getrennt von der Wirtschaftsführung, die scheinbar »naturgegebenen« Gesetzen folgt, und zum anderen wird sie durch die Polarisierung geografisch auf die Zentren des Globalsystems begrenzt. Die Beispiele ließen sich vermehren: Sobald eine Erscheinungsform von ihren Wurzeln in der Logik der kapitalistischen Produktionsweise abgeschnitten ist, wird sie jeweils Objekt unvermeidlicher Mißverständnisse; sie läßt sich einerseits im real existierenden Kapitalismus schwer allgemein aufweisen und andererseits leicht rückwirkend extrapolieren. Die phänomenale Analyse verflacht die Geschichte, zieht die Debatte auf ein zu hohes Abstraktionsniveau und verleiht den dann abzuleitenden Thesen etwas Triviales: Sie werden immer teils wahr, teils falsch.

Wenn der Kapitalismus, wie ich mit der marxistischen Tradition behaupte, zuerst durch seine spezifische Produktionsweise definiert ist, dann heißt es die »industrielle Revolution«, d.h. die Dominanz der auf Lohnarbeit gegründeten »großen Industrie« abwarten, um von kapitalistischer Produktionsweise in vollendeter Gestalt reden zu können. Die drei Jahrhunderte des europäischen »Merkantilismus« (von der Renaissance bis 1800) sind dann erst Zeiten einer Transition zum Kapitalismus, die nur im nachhinein aufscheint. Man erkennt dann, im nachhinein, die Brüche, die es gestatten, die wirkliche Transitionsperiode zu kennzeichnen: den Sturz der für die tributäre Ideologie typischen metaphysischen Vorurteile, die Festigung der absoluten Monarchie, die sich auf die Balance zwischen alt-feudalen Sozialkräften und Bourgeoisie gründet, die demokratische Prägung der englischen und der französischen Revolution usw.

Dabei waren die »Regionen« der tributären Welt früherer Zeiten, ob Riesenreiche oder bescheidene Herrschaften, nicht unbedingt voneinander isoliert; vielmehr zeigt die gesamte historische Forschung die – oft unvermutete – Intensität ihrer Beziehungen. Jedoch waren diese Beziehungen anderer Art als die Zusammenhänge im kapitalistischen Globalsystem. Zwar handelte es sich in allen Fällen um Handelsbeziehungen, um »Austausch«. Aber die marxistische Kritik, die auf die notwendige Unterscheidung zwischen »Markt« schlechthin und »kapitalistischem Markt« (Austausch aufgrund kapitalistischer Produktion) pocht, wird hier voll gültig. Erheblichkeit von Märkten und Intensität des Austauschs, die sich da und dort in Zeiten und Räumen nachweisen lassen, sind nicht gleichbedeutend mit Kapitalismus. Sie bezeugen nur, daß die Überwindung des Tributsystems – der Übergang zum Kapitalismus – da und dort längst auf der Tagesordnung stand und die europäische merkantilistische Transition also nicht Produkt eines spezifischen, Europa-eigenen Evolutionsgesetzes, sondern Ausdruck eines allgemeinen Gesetzes der Evolution aller menschlichen Gesellschaften war.

Die Analysen nach Merkmalen der Produktionsweise bzw. des Weltsystems stehen also nicht im Gegensatz; vielmehr ergänzen sie einander. Jedoch war die Weltsystem-Analyse so unscharf formuliert, daß sie zu einer regelrechten Entgleisung führte, nämlich zur Rückwärtsextrapolation von Folgerungen aus der Untersuchung des globalen Kapitalismus.

Das Mißverständnis beherrscht den Streit um Natur und begriffliche Fassung des modernen (kapitalistischen) Weltsystems und – falls das Sinn hat – des Weltsystems früherer Zeiten. Letztlich beruht das Mißverständnis darauf, daß der Kapitalismus nicht durch bloßes Verknüpfen von dreierlei Phänomenen zu fassen ist, d.h. von Privateigentum, Lohnarbeit und entwickeltem Warenaustausch. Diese empiristische Methode vernebelt die Hauptsache: daß der Kapitalismus erst existiert, wenn der Entwicklungsstand der Produktivkräfte die moderne Fabrik verlangt, die nicht mehr Handwerkszeug einsetzt, sondern schwere Maschinerie. Die Kombination Privateigentum-Lohnarbeit-Warenproduktion gibt es in Wirklichkeit vor dem Kapitalismus, nicht nur im merkantilistischen und schon im feudalen Europa, sondern auch anderswo, in aller Welt und jahrhunderte-, ja teils jahrtausendelang. Diese Kombination kennzeichnet die sehr lange Vorgeschichte des Kapitalismus.

Doch erst mit dem vollendeten Kapitalismus erscheinen die beiden Hauptmerkmale der modernen Welt. Das erste ist die massive Verstädterung und dahinter eine qualitative Veränderung, die Agrarrevolution (Mechanisierung, Chemisierung), die gegenüber dem jahrtausendelangen Stand Ertragssteigerungen auf ein Vielfaches gestattet, aber selbst ohne ihre »Inputs« aus der Industrie undenkbar wäre. Das zweite Merkmal ist der nun exponentielle Charakter des Wachstums, was voraussetzt, daß das Profitstreben nicht nur Triebkraft der ökonomischen Entscheidungen wurde, sondern auch auf der Basis von materiellen Mitteln operiert, die über das Stadium der Handwerkerausrüstung hinausgehen.

Das moderne Weltsystem ist ein kapitalistisches Weltsystem, weil es auf den wie oben definierten Kapitalismus gründet. Man kann dann auf die einzelnen phänomenalen Merkmale der Moderne zurückkommen und jedem auf dieser Grundlage einen genau faßbaren Sinn geben. Sonst aber geben diese Phänomene stets neuen Anlaß zu Mißverständnissen. Die »unablässige« Akkumulation und das exponentielle Wachstum, auf die Wallerstein eingeht, sind z.B. unbegreiflich, wenn sie nicht auf das Wertgesetz (d.h. nicht, nach der zu verschwommenen Terminologie, auf die Ausdehnung der Warenbeziehungen, sondern auf deren Ausdehnung aufgrund einer kapitalistischen Produktion im obigen Sinn) und auf die Tatsache bezogen werden, daß das kapitalistische Wertgesetz nicht nur das Wirtschaftsleben bestimmt, sondern auch alle anderen Dimensionen des gesellschaftlichen Lebens dem unerbittlichen Gesetz der Akkumulation des Kapitals unterwirft. Ebenso zeigen Ausdehnung und Verallgemeinerung des Marktes, der nun die wesentliche Güter- und Dienstleistungsproduktion, die Arbeit und den Boden einbegreift, erst ihren modernen Sinn, d.h. ihre Dienstbarkeit für die Kapitalakkumulation, wenn man ihr Funktionieren im Rahmen der kapitalistischen Produktion erfaßt. Denn der Produkt-, der Arbeits- und der Bodenmarkt existiert vor dem Kapitalismus, z.B. in China, funktioniert dort aber nicht als Mittel zur Kapitalakkumulation. Nach marxistischer Tradition, und zu Recht, gilt Reichtum nur als Kapital, wenn er zum Erweitern der Produktion wieder investiert wird. Schatzbildung und Kapitalakkumulation sind nicht gleichbedeutend.

Der Kapitalismus ist ein Globalsystem, weil die unterliegende globale Wirtschaft in ihrer Gesamtheit von diesem kapitalistischen Produktionssystem regiert wird. Mit Wallerstein und Chase Dunn meine ich, daß die Ökonomie des Kapitalismus global ist, weil die Organisation der wesentlichen Produktionen auf globaler Arbeitsteilung fußt. In früheren Epochen betrifft der »Fern«handel oft Luxusgüter, die zwar wichtig zu nehmen sind, um die Reproduktion der fraglichen Gesellschaften verstehen zu können, aber dort nicht in derselben Weise operieren, weil die Reproduktion von anderen Logiken bestimmt wird. In der Vorzeit des modernen Kapitalismus wurde dieser Handel unter Umständen mit »wesentlichen« Gütern betrieben (Baustoffe, Metalle, Massenbedarfstextilien usw.), aber nicht mit Erzeugnissen der kapitalistischen Industrie im obigen, genauen Wortsinn, und das macht einen Riesenunterschied.

In der Rückprojektion des Begriffs »kapitalistisches Globalsystem« auf die Zeit vor 1800 steckt immer die Weigerung, den Qualitätssprung anzuerkennen, den der Übergang zur modernen kapitalistischen Industrie darstellt. Damit wird die reale Geschichte verflacht. Die Weigerung wiederum erklärt sich als Reaktion der Weltsystem-Analytiker auf die Blockaden derjenigen, die allein auf die Theorie der inneren Logiken der verschiedenen Produktionsweisen fixiert waren. Wurde doch in einer Marxismus-Interpretation, die ich buchstabengelehrt nenne, lange dogmatisch behauptet, alles Wirkliche liege in den Spezifiken der einzelnen Produktionsweisen. Nach dieser Dogmatik wurde zwangsläufig jede Gesellschaft isoliert untersucht und die bloße Idee, daß es ein umfassenderes System geben könne, zurückgewiesen. U.a. kam die moderne kapitalistische Welt auf ein Nebeneinander von lokalen (nationalen) kapitalistischen Gesellschaften herunter, die allein von ihrer inneren Strukturierung definiert waren. So blieb die Polarisierung im Globalsystem schon vom Begriff her gleich jenseits des Forschungsfelds. Dagegen begann die Weltsystem-Analyse gerade mit dem Antwortversuch auf die Frage: Woher kommt die weltweite Polarisierung?

Man brauchte jedoch nicht das Kind mit dem Bade auszuschütten, d.h. den Begriff der Produktionsweise (etwa der kapitalistischen) zu entwerten und nur noch das Weltsystem (hier das moderne, kapitalistische) sehen zu wollen. Nötig gewesen wäre vielmehr, die moderne Welt gründlicher auf die Spezifik der kapitalistischen Produktionsweise hin zu untersuchen und ergänzend die Weltsystem-Dimension zu analysieren. Manchmal hinken die vorgeschlagenen Definitionen des kapitalistischen Weltwirtschaftssystems wegen der Voreingenommenheit gegen den Begriff »Produktionsweise«. Sie bleiben dann unvermeidlich verschwommen, wenn etwa die fragliche Weltwirtschaft als Miteinander eines zwischenstaatlichen politischen Systems und einer über die Staaten hinausgreifenden Wirtschaft beschrieben wird (was für einer »Wirtschaft« denn nun?). Das Pendel hat zu weit ausgeschlagen, hat den Weg zur Rückprojektion der Weltsystem-Theorie freigeschlagen, und die kam dann auch.

Die Polarisierung im kapitalistischen Globalsystem

Zur Polarisierung im modernen Weltsystem unterbreite ich folgende Thesen:

Erstens ist die Polarisierung ein immanentes Gesetz der weltweiten Expansion des Kapitalismus. Der real existierende Kapitalismus als weltweites Phänomen ist nicht auf die kapitalistische Produktionsweise zu reduzieren; er tendiert auch nicht dahin. Denn letztere verlangt einen dreidimensional integrierten Markt (Waren-, Kapital- und Arbeitsmarkt) als Grundlage ihres Funktionierens. Nun kam diese Integration zwar in den zentralen bürgerlichen Nationalstaaten (West- und Mitteleuropa, USA und Kanada, Japan, Australien) historisch zustande, erstreckte sich aber nie auf den globalen Kapitalismus. Der Weltmarkt bleibt in seiner Expansion rein zweidimensional; er integriert nach und nach den Austausch von Produkten und die Kapitalzirkulation, aber der Arbeitsmarkt bleibt abgeschottet.

Das allein führt unvermeidlich zur Polarisierung, und deren kumulatives Wirken ist sowohl mit marxistischem Rüstzeug (Konzept des globalisierten kapitalistischen Wertgesetzes, als Ergänzung zur grundlegenden Analyse des kapitalistischen Wertgesetzes) wie auch mit dem Arsenal der konventionellen neoklassischen Ökonomie unschwer nachzuweisen. Diese These gilt auf einer ebenso hohen Abstraktionsstufe wie die Thesen vom Wertgesetz im allgemeinen, vom Markt in seinen einzelnen Dimensionen, von den sozialen Hauptklassen, die der Logik einer Produktionsweise entsprechen, usw. Mein Leitsatz definiert den globalen Kapitalismus ebenso abstrakt, wie die Sätze vom Wertgesetz die kapitalistische Produktionsweise definieren. Natürlich ist die Abstraktion hier wie anderswo keine Absage an das Konkrete, sondern vielmehr der Ausdruck seiner Mannigfaltigkeit. Die historischen Bedingungen, aus denen sich die Entstehung des bürgerlichen Nationalstaats an dem einen Pol und sein Ausbleiben an dem anderen erklären, illustrieren die konkrete Mannigfaltigkeit dessen, was ich die Peripherien – immer im Plural – nenne, dies im Gegensatz zum Zentrum, das sich auf den Plural bringen läßt, wenn man der Geschichte seiner Entstehung nachgeht, oder auf den Singular, sobald man die – hier wirklich vorhandene – Tendenz zur Homogenisierung seiner nationalen Teilgesellschaften oder die Natur seiner Beziehungen zu den Peripherien betont.

Zweitens sind die wesentlichen Inhalte der beiden Begriffe »Zentrum« und »Peripherien« ökonomisch definiert. Das ist keine beliebige Wahl, sondern Ausdruck der Dominanz des Ökonomischen in der kapitalistischen Produktionsweise und der direkten Unterordnung des Politisch-Ideologischen unter die Zwänge der Kapitalakkumulation. Deshalb sind die Beziehungen Zentrum-Peripherien zuerst ökonomischer Art. Wenn sich in früheren Epochen auch Polarisierungsphänomene im gängigen Wortsinn zeigen, haben sie doch eine andere Natur und Dynamik, weil sie in nichtkapitalistischen Gesellschaften auftreten.

Drittens erscheint die Polarisierung in ihrer modernen Form mit der Teilung der Welt in Industrieländer und Länder, die nicht industrialisiert werden. Sie ist also ein relativ rezentes Phänomen, das im 19. Jahrhundert aufkommt. Dabei ist der Kontrast Industrialisierung/Nichtindustrialisierung nicht die bleibende, endgültige Form der kapitalistischen Polarisierung. Von 1800 bis 1945 dominant, verblaßt er allmählich nach dem Zweiten Weltkrieg mit der Industrialisierung der Peripherien, wobei das Kriterium der Polarisierung auf neue Gebiete übergeht.

Die Verwendung des Begriffs »weltweite kapitalistische Polarisierung« hat ihre eigene Geschichte. Die Debatte setzte natürlich bei konkreten, spezifischen und von der Epoche geprägten Erwägungen an. Manche betonten also den Kontrast Industrie/Fehlen von Industrie, weil die Polarisierung wirklich so zum Ausdruck kam. Daraufhin erschien die Industrialisierung als *das* Mittel der »Entwicklung« und zu deren vermeintlich objektiv-historischem Zweck, die Polarisierung (die »Unterentwicklung«) zu beseitigen. In direktem Bezug auf diesen Kontrast gerieten internationaler Austausch und Arbeitsteilung ins Forschungsfeld. Wer die Diskussion zum ungleichen Austausch nachliest, muß diesen engen Bezug zur Wirklichkeit jener konkret-historischen Form der Polarisierung bedenken.

Zweideutig wurde die Debatte durch das, was bei den einen wie den anderen ungesagt blieb oder nicht zum abstrakt-begrifflichen Ausdruck gelangte. Hinter den vertretenen Thesen steckte nämlich eine kaum, oder schlecht, geäußerte theoretische Spaltung. Für die einen war der Kapitalismus an sich polarisierend. Aber um das aufzuweisen, wäre die weiter oben angegebene Abstraktionsstufe zu erreichen, d.h. die Verkürzung zu zeigen gewesen, die den globalen Markt gegenüber der dreidimensionalen Integration in der kapitalistischen PW kennzeichnet. Für die anderen ließ sich der allgemeine Satz, daß der globale Kapitalismus mit Notwendigkeit polarisierend sei, nicht durch konkret-historische Beweisführung erhärten; so wurde diese Polarisierung als phänomenal und nicht wesenseigen aufgefaßt, als von der konkreten Geschichte, aber nicht von den Gesetzen der kapitalistischen Akkumulation produziert. Unter diesen Bedingungen konnten die spezifisch ökonomischen Analysen, die Erwägungen zur Herausbildung einer Bourgeoisie bzw. zu den Hindernissen dafür und die kulturtheoretischen Ansätze (ideologische Disponibilitäten je nach der betreffenden »Kultur«) nicht zusammengeführt werden.

In seinem Beitrag zu dem Sammelband *Le grand tumulte* verficht G. Arrighi eine für die Theorie wichtige These. Er erinnert daran, daß die Akkumulation des Kapitals für Marx zwei komplementär-kontradiktorische Wirkungen hatte: zum einen die Stärkung der sozialen Macht der aktiven Armee (organisierte Industriearbeiterklasse), zum anderen die Pauperisierung der passiven Reservearmee (Erwerbslose, Ausgegrenzte, Werktätige in Produktionssektoren vorkapitalistischer Prägung mit geringer Produktivität usw.). Diese treffende Bemerkung scheint mir nicht nur insofern korrekt, als Marx das wirklich gesagt hat, sondern auch von der Geschichte bekräftigt zu sein, wie G. Arrighi selbst feststellt. Aber der historische Marxismus übersah die Bedeutung der globalen Polarisierung, also der Lokalisierung der aktiven und der passiven Armee an politisch-geografisch getrennten Orten, im Zentrum bzw. in den Peripherien; deshalb nahm er an, das ständige Hin und Her derselben proletarisierten Individuen zwischen jenen Armeen werde die Einheit der antikapitalistischen Front und daher den raschen Erfolg ihrer globalen Aktion garantieren. Die Polarisierung erklärt, daß im Gegenteil aus dem Bruch dieser Einheit zwei antikapitalistische Strategien entstanden und zunehmend in Kontrast gerieten: die sozialdemokratische Strategie in den Arbeiterklassen der Zentren; die leninistische (später maoistische) Revolutionsstrategie bei den Völkern der Peripherien (d.h. der passiven Armee im Weltmaßstab).

Nun zwingt neuerdings die allmähliche, zugleich ungleichmäßige Industrialisierung der Peripherien, die Polarisierung noch anders zu fassen, ohne Bezug auf eine überholte historische Erscheinungsform. Zwar stiftet der kapitalistische Markt weiterhin Polarisierung, weil er nicht dreidimensional integriert ist. Aber er kann selbst nicht nach dem üblichen »Konkurrenz«ansatz analysiert werden. Baran, Sweezy und Magdoff haben m.E. gezeigt, daß der Markt[1] im Kapitalismus der Monopole von qualitativ anderen Gesetzen regiert wird als die kapitalistischen Märkte des 19. Jahrhunderts. Viele Theoretiker, die sich auch zum Marxismus bekennen, lehnen diese Analyse ab; m.E. ist sie jedoch wesentlich, denn sie definiert eine andere Überschuß-Dynamik als jene des Profits. Ich meine allerdings, daß theoretische Ansätze zur weltweiten Akkumula-

---

[1] Genauer gesagt, die beiden Marktformen, die national-dreidimensional integrierte und die verkürzte globale Form.

tion heute, in einer tendenziell insgesamt industrialisierten Welt, noch weiter greifen müssen.

G. Arrighi bemerkt dazu, daß der ungleiche Austausch nur die Spitze des Eisbergs zeigt; die Schere in der Vergütung der Arbeit, die jeweils in den so ausgetauschten Produkten steckt, ist größer als das Produktivitätsgefälle. Nach Arrighi wirken außerhalb jeden Austauschs drei Polarisierungsmechanismen: 1. die Kapitalflucht von den Peripherien zu den Zentren; 2. die selektive Migration von Arbeitskräften in derselben Richtung (wobei diese Migration, wegen ihres selektiven Charakters, keinen globalen Arbeitsmarkt aufkommen läßt); 3. die Monopolpositionen der zentralen Gesellschaften in der globalen Arbeitsteilung. Ich füge hinzu: die Kontrolle der Zentren über den Zugang zu den Naturschätzen der ganzen Erde.

Ich kann die beiden ersten Mechanismen ohne weiteres in meinen abstrakten und allgemeinen Begriff der Polarisierung integrieren; es sind evidente Erscheinungsformen, ebenso wie das vierte Element, das ich anführe. Dagegen ist das angezogene Monopolkonzept m.E. flau und schlecht definiert. Arrighi übernimmt hier den Ansatz von Harrod, der seinerzeit den auf Ausgrenzung gegründeten »oligarchischen Reichtum« von einem prinzipiell »für alle« zugänglichen »demokratischen Reichtum« unterschied. Meinetwegen, aber was sind denn, genau besehen, die Mechanismen der Ausgrenzung? Die konkrete Analyse der modernen Situationen weist zwei Richtungen, in denen dieser Ausgrenzung nachgeforscht werden kann: das Monopol der Technologien und dasjenige der globalisierten Finanzen. Die periphere Industrialisierung kann in diesem Rahmen so etwas wie eine Art modernes Verlegersystem unter Kontrolle der Finanz- und Technologiezentren werden. Werden diese Elemente der Gesamtkonstruktion aber nicht zusammenhängend erfaßt, so bleibt der Monopolbegriff selbst intuitiv, und die Dynamik des Systems ist schwer zu fassen.

Der Polarisierungsbegriff ist genau deswegen wesentlich, weil er untersagt, die Vorteile der Zentren ohne Rücksicht auf ihre Stellung im Weltsystem sehen zu wollen. Ich leite daraus mindestens folgende Sätze ab:

1. Die Ausbeutung der Arbeit ist allgemein in den Peripherien viel intensiver als in den Zentren (das Arbeitsentgelt – Löhne und anderes – hat ein größeres Gefälle als die Produktivität). Der Ertrag dieser Überausbeutung für das systemdominierende Kapital wird zum Teil durch den Austausch nach den Zentren transferiert und durch die Kapital- und Arbeitskräftemigrationen vermehrt. Der herrschende Diskurs, der die Wirkungen dieses Transfers leugnen oder herunterspielen möchte, ist nichts weiter als eine ideologische Legitimation, die die inneren Zusammenhänge zwischen Kapitalismus und Polarisierung vernebeln soll.

2. Der Werttransfer auf Kosten der Peripherien ist allein schon imstande, die Polarisierung zu reproduzieren und zu verschärfen, weil er für die Peripherien eine ungeheure, negative Last darstellt, selbst wenn er in der Statistik zuweilen gegenüber der Wertschöpfung in den Zentren selbst geringfügig wirkt.

3. Die Vorteile, die die Gesellschaften des Zentrums genießen, sind nicht allein, auch nicht hauptsächlich der effizienteren Organisation ihrer Arbeit (der weit höheren Arbeitsproduktivität) geschuldet; sie stammen ebensosehr aus den Monopolen der Zentren in der weltweiten Teilung der Arbeit.

Die neueren Evolutionen sind im vorgenannten Beziehungsgefüge zu analysieren. So zeigt sich der Sinn der (relativen) »Entindustrialisierung« der Zentren bei gleichzeitiger Industrialisierung der Peripherien nur im Zusammenhang damit, daß sich das Monopol der Zentren von der industriellen Tätigkeit selbst zur Kontrolle über die Technologien, die Finanzen und den Zugang zu den Naturschätzen verlagert.

Wenn von Peripherien immer im Plural zu reden ist, dann m.E. deswegen, weil sie sich nur negativ bestimmen lassen – als die Regionen des Weltsystems, die nicht Zentren geworden sind. Die Verschiedenheit ihrer Funktionen im Weltsystem ist dann die Regel.

Diese Verschiedenheit hat immer stark dazu verlockt, die Peripherien zu klassifizieren. So wurde unlängst der Ausdruck »Vierte Welt« geprägt, um diese von der in Industrialisierung begriffenen Dritten Welt zu unterscheiden. Die Urheber geben ihm eine heikle Bedeutung: Er unterstellt, daß die Dritte Welt der neuen Industrieländer (NIL) schon »aufhole« (oder es könne), während die Vierte Welt »zurückfalle«. Das läßt außer acht, daß die Industrialisierung schon nicht mehr Bezugsbasis der Polarisierung ist. Ich sage daher lieber: Den Kern der – entstehenden – Peripherien von morgen bilden die Länder, deren Hauptfunktion darin besteht, Industrieprodukte zu liefern; die »Vierte Welt« illustriert dagegen den destruktiven Charakter der kapitalistischen Expansion, nichts Neues also, sondern einen seit jeher bestehenden Zug der Realgeschichte des Kapitalismus. Ganz oberflächlich ist dagegen die rein quantitative Klassifizierung der Weltbank, die Pyramide der BIP pro Kopf. Wenn sie unterstellt, daß ein Ölscheichtum höher stehen kann als Schweden, sollen damit die internationale Arbeitsteilung und die sogenannten komparativen Vorteile legitimiert werden.

In dieser Hinsicht behandelt Arrighi das Weltsystem als stabile Kombination von drei Ensembles, Zentren, Halbperipherien und Peripherien. Diese Ländergruppen gebe es, weil sich je für die obere, mittlere und untere Schicht der Pyramiden-Klassifikation ein Mittelwert der Pro-Kopf-BIP bilden läßt. Ich wende gleich ein, daß die Konstruktion insofern künstlich ist, als man ebensogut *a priori* nur zwei Gruppen (Zentren und Peripherien) oder auch vier definieren könnte und dann zwei oder vier Mittelwerte erhalten hätte, mit ähnlichen Ergebnissen beim Vergleich der jeweiligen Evolution. Jener Kunstgriff behebt also nicht die Schwierigkeit einer qualitativen Definition jeder Gruppe, denn die »Halbperipherie« bleibt allein das, was ihr Name sagt, ein Mittelding zwischen der ersten und der dritten Gruppe, und dies nach dem Pro-Kopf-BIP, nach dem Industrialisierungsstand oder nach fast jedem anderen quantifizierbaren Kriterium. Die Beschreibung der Peripherien (wie sie Arrighi definiert) gibt dann ein ähnliches Bild, d.h. ein Gemisch von typischen Merkmalen der Zentren und von »anderen« Merkmalen. Daß sich erstere darin finden, wenn auch qualitativ schwach, bezeugt einfach, daß alle betrachteten Gesellschaften sehr wohl in das Weltsystem integriert und keineswegs abgesondert sind. Wenn schon die mindeste Präsenz von modernen Unternehmen, Lohnabhängigen und kapitalistischen Unternehmern, von ausgedehnten Marktbeziehungen, von Finanzinstituten (Banken), die wie anderswo auch funktionieren, sowie eines modern aussehenden Staates, der durch Haushaltsregelung eine Reihe von auch anderswo üblichen Diensten lenkt, u. dgl. mehr als solche Merkmale gelten, dann gilt das überall, von den höchstentwickelten Zentren bis zu den höchst archaischen Peripherien.

Interessant wird diese Untersuchung auf andere Art, durch den Nachweis der erstaunlichen langfristigen Stabilität der Gruppen und des relativen Abstands zwischen ihnen. Aber wiederum hätte die Einstufung in zwei oder vier Gruppen dieselbe Stabilität gezeigt, die dann sehr wohl belegt, daß die Polarisierung nie überwunden werden kann, weil sie zum Wesentlichsten des Systems gehört.

Doch mit der Option, Halbperipherien von Peripherien zu unterscheiden, gibt Arrighi einen unnützen Schuß Willkür hinzu, für ihn unvermeidlich, weil er die Einstufung nach Pro-Kopf-BIP als Grundlage benutzt. M.E. macht es keinen Sinn zu behaupten, Ghana sei wie Italien und Japan in der Halbperipherie gewesen, nur sei Ghana zurückgefallen, während Italien und Japan zu zentralen Partnern aufstiegen. Verwendet man das soziologische Kriterium, das ich vorschlage – Herausbildung oder Ausbleiben eines bürgerlichen Nationalstaats –, so wird begreiflich, daß Ghana über Besser- oder Schlechterstellung durch äußere Faktoren hinweg immer den Peripherien angehörte, während für Italien und Japan Raum für eine Aufbesserung ihrer Stellung in der internationalen Hierarchie gegeben war. Dieser Raum, in dem innere Faktoren – in Verbindung mit äußeren – gewirkt haben, existiert nur dann, wenn die lokale Formation bürgerlich-national ist.

Übrigens wird die Dreiklassen-Einstufung Arrighi selbst so unbehaglich, daß er sie weiter nuanciert, um besondere Situationen im, wie er sagt, »Weichbild des Zentrums« und im »Weichbild der Peripherie« fassen zu können. So wird die Pyramidenstruktur nahezu kontinuierlich. Ich sehe daher keine besonderen Vorteile an Arrighis Dreiteilung. Ich untersuche das Weltsystem lieber mit dem unzweideutigen Polarisierungskonzept, das besagt, daß die Zentren dieses System insgesamt hervorbringen, indem sie die Peripherien auf subalterne Modernität zurechttrimmen. Dabei ist diese globale Expansion nicht nur gleichbedeutend mit hierarchisch gestufter Entwicklung der Modernität, sondern zugleich auch Prozeß der Zerstörung von dysfunktional oder in der Gesamtlogik funktionslos gewordenen Bestandteilen. Peripherisierung und Devastation gehen dann zusammen und kommen für die ständige Differenzierung der Peripherien auf, die in dauerndem Formwandel reproduziert wird. In Verbindung mit dieser theoretischen Gesamtsicht auf den Weltkapitalismus liefern dann konkrete Analysen der Einzelfälle – und nicht von künstlich gebildeten Gruppen – die Grundlage für den Aufbau der abstrakt-allgemeinen Theorie.

Arrighis Verfahren offenbart tatsächlich die außerordentliche Stabilität der Hierarchien, was besagt, daß das Ziel des »Aufholens« illusorisch ist. Arrighi hat sogar gezeigt, daß dieses Gesetz ebenso für die sozialistisch genannten Regime galt wie für jene der kapitalistischen Peripherien. Dem stimme ich zu. Ich bemerke nur, daß sich die sozialistisch genannten Länder – in gehöriger Konfusion – vorgenommen hatten, sowohl »aufzuholen« als auch etwas anderes zu machen («den Sozialismus zu erbauen«), und daß sie sich tatsächlich weitgehend so abgekoppelt hatten, wie ich diesen Begriff fasse, d.h. daß sie ihre Außenbeziehungen der Logik ihrer Binnenentwicklung unterworfen haben. Die positiven Seiten ihrer Leistungen (ein zwar paternalistischer, aber dennoch sozialer Etatismus, der im Kontrast zum zügellosen Kapitalismus der kapitalistischen Peripherien die Sicherheit der Beschäftigung und ein Minimum an Sozialleistungen garantierte) folgten aus ihrem Ursprung, einer antikapitalistischen Volksrevolution, und aus dieser Abkopplung; daß sie in die Sackgasse gerieten, verrät das Illusorische des »Aufholens«, dessentwegen weitgehend Kriterien des Kapitalismus übernommen wurden. Dieser Kontrast verweist auf die weiter oben genannten Schranken des historischen Marxismus, der den polarisierenden Charakter des Weltkapitalismus unterschätzt hatte. Folglich werden die Länder des Ostens, wenn sie sich wieder ankoppeln und zum Kapitalismus zurückkehren, im Bemühen um das Aufholen nicht schneller vorankommen, sondern im Gegenteil wie alle Peripherien die Wirkung des ungebremsten Kapitalismus erfahren, also zurückgeworfen werden. Arrighis Schlußfolgerung, daß es noch keine Peripherie geschafft hat, im Rahmen des Kapitalismus aufzuholen, deckt sich offensichtlich mit meiner eigenen.

Zur Frage der langen Zyklen in der kapitalistischen Expansion

Soziale und womöglich auch Naturphänomene entwickeln sich nicht strikt regulär, stetig und unbegrenzt. Das gilt unbedingt auch für die kapitalistische Expansion, wo Phasen raschen Wachstums schwierige Umstellungszeiten nach sich ziehen. Historische Abfolgen erwecken dann den Eindruck einer Evolution in langen Wellen. Wird das als Fakt genommen, so erheben sich gleich zweierlei Probleme:

- Die sukzessiven Phasen hängen miteinander zusammen und erklären sich wechselseitig. In der Aufschwungphase stauen sich Widersprüche an, sie entladen sich in einer Krise, diese zwingt zu Umstellungen, die einen neuen Aufschwung erlauben.
- Die kapitalistische Expansion ist nicht auf die Dimension zu reduzieren, die konventionell mit ökonomischen Größen beschrieben wird (Produktionen, Preise, Einkommen, Profite, Außenhandel usw.). Soziale Konflikte, Kriege, Innovationswellen bilden nicht minder systemimmanente Dimensionen. Es ist zwar schwierig, diese Dimensionen sämtlich in eine einheitliche Theorie zu integrieren, aber das kann nicht Anlaß sein, dieses ehrgeizige Ziel aufzugeben. Der historische Materialismus darf nicht zu einer politischen Ökonomie verkürzt werden.

Dabei kann man die vorgenannte Phasenfolge gelten lassen, ohne deswegen schon eine Zyklen-Theorie zu akzeptieren. Denn wenn Worte Sinn haben sollen, lassen sich Zyklen nur da ansagen, wo definierte Mechanismen eine gleichförmige Bewegung reproduzieren. Ferner müßten die Zusammenhänge der verschiedenen realen Dimensionen (ökonomische Flüsse, technologische Innovationen, soziale und politische Konflikte usw.) Zyklus um Zyklus gleichartig wirken. Aus dem Grundsatz, daß der Kapitalismus als Weltsystem analysiert werden muß, folgt keineswegs, daß die kapitalistische Expansion grundsätzlich einem Gesetz zyklischer Entwicklung unterliegt.

Spezifisch berechtigt ist die Analyse der eigentlich ökonomischen Dimension innerhalb der sozialen Evolution im Kapitalismus deswegen, weil dieses System eben insgesamt direkt von den Gesetzen seiner ökonomischen Entwicklung abhängig ist. Natur, Mechanismen, Entfaltungsfristen (kurz oder lang) dieser Gesetze müssen deshalb präzise bestimmt werden. So ist die bloß relative Selbständigkeit der Ökonomik besser zu fassen, d.h. in ihrer Einschränkung durch die Interaktion zwischen der Entfaltung ihrer Gesetze und den Reaktionen in dem sozialen Feld, auf das sie einwirken. Dazu vertrete ich die beiden folgenden Thesen:

■ Ziemlich leicht zu konstruieren ist das ökonomische Modell eines selbstergegten gleichförmigen Zyklus mit den beiden bekannten Mechanismen des Multiplikators (ein zusätzlich verteiltes Einkommen generiert eine Reihe von induzierten Einkommen) und des Akzelerators (die von einem verteilten Einkommen ausgelöste Nachfrage generiert eine überproportionale Investition).

Verbessern läßt sich das Modell durch Einführen eines Antwortzyklus des Kredits und der relativen Schwankungen des Reallohns und des Profits. Man kann dieses Modell im Rahmen einer geschlossenen oder offenen Volkswirtschaft oder im weltwirtschaftlichen Rahmen ausdrücken; man kann es sowohl nach den rein empirischen Regeln der konventionellen Ökonomie als auch mit Bezug auf das marxistisch begriffene Wertgesetz formulieren. Diese Exerzitien in Ökonomik, oder politischer Ökonomie, verstehen sich sämtlich im strikt abstrakten Bezugssystem der kapitalistischen Produktionsweise, als der notwendigen und hinreichenden Bedingung ihrer Gültigkeit. Es ist interessant, daß die so erhaltenen Resultate das reale Gefüge des Kurzzeitzyklus von etwa sieben Jahren, der den mehr als jahrhundertlangen Zeitraum 1815-1945 markiert, gut beschreiben. Nach dem Zweiten Weltkrieg wird die Konjunkturregulierung durch aktiveres Eingreifen des Staates und Steuerung des Kredits, der Einkommensverteilung, der öffentlichen Ausgaben usw. stärker bemerkbar. Parallel dazu lassen sich unschwer Modelle von kürzeren Fluktuationen mit Bezug auf die Lagerbestände konstruieren; auch sie entsprechen den Realabläufen im Wirtschaftsleben des modernen Industriekapitalismus.

■ Strittiger ist die Reflexion über die tieferen Tendenzen im ökonomischen System des Kapitalismus. Die Theorien der »langen Zyklen« (nach Kondratjew) liegen auf dieser Ebene. Hier nun vertrete ich mit wenigen anderen (Baran, Sweezy, Magdoff) einen Minderheitsstandpunkt, den die ganze konventionelle Ökonomie, die Weltsystem-Analytiker (die wohl sämtlich den »langen Zyklus« akzeptieren) und die dominanten Strömungen des Marxismus ablehnen oder ignorieren. Meine These fußt darauf, daß die kapitalistische Produktionsweise durch einen inneren sozialen Widerspruch dauernd in die Systemtendenz getrieben wird, »mehr zu produzieren, als konsumiert werden kann«: Der Druck auf die Löhne erzeugt tendenziell ein Profitvolumen, das in Konkurrenz zu investieren wäre, aber immer relativ zu groß ist, verglichen mit den zur Deckung des Endbedarfs nötigen Investitionen. Die Gefahr relativer Stagnation ist in dieser Sicht die chronische Krankheit des Kapitalismus. Statt daß sich »die Krise« aus besonderen Gründen erklärt, ist vielmehr die Expansion in jeder ihrer Phasen Produkt von spezifischen Umständen.

Ich behaupte, daß dieser Widerspruch der vollendeten, also mit der modernen Industrie auftretenden kapitalistischen Produktionsweise innewohnt. Ich will dieses spezifische Gesetz nicht rückprojiziert sehen, gewiß nicht auf die alten Epochen, auch nicht auf die Transitionszeit des merkantilistischen Kapitalismus (1500-1800). Es gibt keinerlei Tendenz zur Überproduktion in Gesellschaften, die dem modernen Industriekapitalismus vorausgehen. Ich akzeptiere zugleich die These von Baran, Sweezy und Magdoff, daß diese Tendenz im Kapitalismus der Monopole dazu zwingt, einen spezifischen Begriff für den Überhang und die Formen seiner Absorption einzuführen: die Abteilung III des ökonomischen Modells, das die Produktion von Produktionsmitteln als Abteilung I und die Konsumgüterproduktion als Abteilung II auffaßt. Ich füge hinzu, daß jener Widerspruch im Maßstab des globalisierten kapitalistischen Systems untersucht werden sollte: Die weltweit ungleiche Verteilung des Einkommens (Ungleichverteilung der Arbeitsentgelte ausgeprägter als jene der Produktivitäten) erzeugt ständig einen potentiellen Profitüberhang, der so oder so vergeudet werden muß; die Ausbeutung der Arbeit (und ihre Überausbeutung in den Peripherien) ist letzten Endes das fundamentale Hindernis für eine andere Entwicklung der Produktivkräfte.

Nach dieser Grundtheorie der kapitalistischen Produktionsweise nimmt die Diskussion über die scheinbaren Zyklen einen ganz anderen Gang als bei den Autoren der Weltsystem-Schule.

Auf dem strikt begrenzten Feld der konventionellen Ökonomie (Produktionen, Investitionen, Preise, Einkommen) sind tatsächlich »lange Wellen« wahrzunehmen. Die Preisindexe tendieren wirklich 1815-1850 zur Baisse, 1850-1865 zur Hausse, 1865-1900 zur Baisse und 1900-1914 zur Hausse. Doch auf diesem Feld biete ich eine Erklärung, die mit dem Zyklus-Konzept nichts gemein hat. Die Wendedaten 1850 und 1900 entsprechen nämlich der Erschließung neuer reicher Goldvorkommen erst in Nordamerika, dann in Südafrika. Nun behaupte ich, daß in einem Währungssystem auf Basis der Goldkonvertibilität (wie es von 1815-1914 gegeben war) die Evolution der Absolutpreise wegen der Steigerung der Arbeitsproduktivität von einer langen Baisse-Tendenz bestimmt war. Dieser Tendenz konnte ggf. eine Steigerung der Arbeitsproduktivität in der Goldgewinnung entgegenwirken, was dann 1850 und 1900 mit der Ausbeutung außerordentlicher neuer Vorkommen schlagartig eintrat. Der nachfolgende Hausse-Effekt bei den Preisen erschöpfte sich in etwa 15 Jahren, so daß die langfristige Baisse-Tendenz wieder dominant wurde.

Ebensowenig verlangt die Untersuchung der langfristigen Schwankungen in den Wachstumsraten der Produktion und der damit zwangsläufig eng verbundenen Investitionsbewegungen, eine »Zyklus«theorie zu übernehmen. Nach den synthetischen Arbeiten Joshua Goldsteins sind hier vier Halbjahrhundert-Wellen auszumachen:

1. 1790-1814 Aufschwung	1814-1848 Krise
2. 1848-1872 Aufschwung	1872-1893 Krise
3. 1893-1914 Aufschwung	1914-1945 Krise
4. 1945-1968 Aufschwung	1968-...... Krise

Wie sollte man hier nicht gleich bemerken, daß jede der sukzessiven Aufschwungphasen sehr genau mit der Einführung eines Systems großer Innovationen und zugleich mit marktöffnenden politischen Evolutionen übereinstimmt? Das sind nacheinander: 1. die erste industrielle Revolution sowie die Revolutions- und napoleonischen Kriege; 2. die Eisenbahnen sowie die Einigung in Deutschland und Italien; 3. die Elektrotechnik sowie der Kolonialimperialismus; 4. Wiederaufbau und Modernisierung Europas und Japans sowie die Auto-Zivilisation.

Dennoch halte ich nicht zu Trotzki in seiner Polemik gegen Kondratjew. Trotzki meinte, daß Innovationen, Neuerschließungen von Ressourcen, Kriege, territoriale Expansion und sogar die Resultate der Klassenkämpfe aus dem Kausalitätsbereich einer Theorie des ökonomischen Zyklus hinausfallen. Damit schnitt er die politische Ökonomie willkürlich vom umfassenderen Feld des historischen Materialismus ab. Kondratjew hatte m.E. die starke Intuition, daß es im Sinn des historischen Materialismus nötig sei, die strikt ökonomischen Phänomene enger mit den Evolutionen in den anderen Feldern der sozialen Wirklichkeit zu verknüpfen.

Mit Kondratjew behaupte ich also, daß jene Aspekte der Wirklichkeit auch Erscheinungsformen der Akkumulation des Kapitals sind. Ihre Beziehungen führen jedoch nicht auf eine Zyklustheorie.

Das bestätigen Goldsteins Analysen, die zwar gleichlaufende Evolutionen der strikt ökonomischen Größen ausweisen, nicht aber gleiche scheinbare Zwangsläufigkeiten bei den anderen Aspekten der sozialen Wirklichkeit: Die Einordnung der Innovationen in die A- oder B-Phase des Zyklus bleibt unsicher, desgleichen die Tendenzen der Reallöhne usw. Die Dynamik des Welthandels, in der sich u.a. die auswärtige Expansion der rivalisierenden Zentren ausdrückt, folgt ebensowenig einer starren Regel.

Die Innovation ist gewiß nicht sozial neutral, denn sie wird der Logik des Profits gemäß verwertet. Nicht minder real ist ihre Fortdauer, denn sie resultiert aus der Konkurrenz der (einzelnen) Kapitale, die ihrerseits das Gesetz des kapitalistischen Systems ist. Große innovative Durchbrüche können einen langen Aufschwungprozeß auslösen, aber nicht »zwangsläufig«. Z.B. haben die Eisenbahnen oder die Verbindung von Urbanisierung und Autoverkehr so massive schwere Investitionen erfordert, daß die industrielle Geografie umgestaltet wurde; nicht gesagt ist damit jedoch, daß die Innovationswelle rings um die Informatik jetzt analog wirken müsse. Auch hier teile ich mit Sweezy und Magdoff eine nicht allgemein akzeptierte Ansicht, nämlich daß die gegenwärtige technologische Revolution das Zuviel an Überschüssen nicht auflöst, woraus sich deren Flucht in die finanzielle Spekulation erklärt. In Krisenperioden dauert die Innovation an, getrieben von einer verschärften Konkurrenz, die zur Senkung der Kosten zwingt. Deshalb sind positive Wachstumsraten auch für die B-Phasen im scheinbaren Zyklus charakteristisch, wenngleich sie niedriger sind als in den A-Phasen.

Die ungewissen Ausgänge der sozialen Kämpfe, die nicht nur der Lage in den Zyklusphasen, sondern auch tiefer gründenden Determinanten entsprechen (ständige Kämpfe der Lohnabhängigen um größere Anteile am Sozialprodukt, unterschiedliche historische Bündnisse des dominanten Kapitals, z.B. mit der Bauernschaft, gegen die sozialistische Herausforderung, usw.), machen Zyklus-Theoriebildungen illusorisch. Ihr unvermeidlich mechanischer Charakter würde den historischen Materialismus bis zum elementaren Ökonomismus verflachen. Was die Wirkungen der Rivalität der konkurrierenden Zentren, ihre Erfolge und Fehlschläge in der auswärtigen Expansion angeht, so sind sie ebensowenig auf eine Mechanik zu reduzieren.

Abschließend füge ich hinzu, daß die Rückprojektion einer Zyklustheorie auf Zeiten vor 1800, ja gar vor 1500, zu noch ärgerem Durcheinander und zu einer vulgären Reduktion der Auffassung von den Verhältnissen zwischen ökonomischer Basis und politisch-ideologischem Überbau führt.

Die Rivalität der Mächte in der kapitalistischen Expansion und die Frage der globalen Hegemonien

Geschichtlich ist die Rivalität unter den politischen Formationen – Staaten nationalen oder imperialen Charakters, ethnische oder Stammesgebilde usw. –, gelinde gesagt, eine ebenso andauernde Realität wie die sozialen Konflikte innerhalb dieser Formationen. Im Gegensatz zu Marx' Behauptung, die Geschichte sei vor allem die Geschichte der Klassenkämpfe, haben manche Leute deshalb verkündet, sie sei vor allem die Geschichte der Kämpfe der Völker und Nationen. Kann man eine Brücke zwischen diesen anscheinend einander ausschließenden Behauptungen schlagen?

Nach verschiedenen Autoren der Weltsystem-Schule wäre die Geschichte des Kapitalismus – für die einen ab 1500, für andere vielleicht ab 1350 – als Abfolge von Hegemonien je einer Macht in der kapitalistischen Weltwirtschaft zu lesen.

Auch hier faßt Goldstein die einschlägigen Arbeiten zusammen. Er schließt daraus auf einen »politischen Hegemonie-Zyklus« von 150 Jahren (bei 50 Jahren für den langen ökonomischen Zyklus nach Kondratjew). Da der vollendete (industrielle) Kapitalismus kaum älter ist als anderthalb Jahrhunderte, zwingt die Diskussion der Fragen um die Rivalität der Mächte, das Terrain der langen Dauer zu betreten, wenigstens für die fünf Jahrhunderte des historischen Kapitalismus (ab 1500).

Im genannten theoretischen Rahmen werden vier Hegemonie-Zyklen angegeben:

1. 1350-1648, venezianische Hegemonie, angefochten von den Habsburgern, Kulmination im Dreißigjährigen Krieg (1618-1648), Abschluß durch den Westfälischen Frieden, der die Konsolidierung der europäischen Hauptzentren und ihre amerikanische Expansion besiegelt.

2. 1648-1815, holländische Hegemonie, angefochten von Frankreich, Kulmination in den Revolutions- und napoleonischen Kriegen (1793-1815), Abschluß durch den Wiener Kongreß (1815), der das europäische Gleichgewicht und die Seeherrschaft Großbritanniens besiegelt.

3. 1815-1945, britische Hegemonie, angefochten von Deutschland, Kulmination in den beiden Weltkriegen (1914-1945), Abschluß durch das Abkommen von Jalta (1945), das die Bipolarität USA-UdSSR besiegelt.

4. Ab 1945, amerikanische Hegemonie.

Keinen Zusammenhang damit zeigt die Periodisierung, die aus der Analyse der scheinbaren ökonomischen Zyklen nach Braudel folgt. Diese Zyklen sind nämlich erheblich kürzer, immer etwa 50 Jahre lang, und wie folgt verteilt:

1. 1509-1529 Aufschwung .... 1529-1539 Niedergang
2. 1539-1559 Aufschwung .... 1559-1575 Niedergang
3. 1575-1595 Aufschwung .... 1595-1621 Niedergang
4. 1621-1650 Aufschwung .... 1650-1689 Niedergang
5. 1689-1720 Aufschwung .... 1720-1747 Niedergang
6. 1747-1762 Aufschwung .... 1762-1790 Niedergang

Bei Braudel geht es natürlich nur um eine Periodisierung anhand der Wachstumsraten der Produktion (vorwiegend der agrarischen, versteht sich, für jene Zeit). Welche Bedeutung könnte diese Periodisierung allenfalls haben? Ich gestehe, daß sie mich nicht überzeugt. Man bedenke die damaligen Bedingungen: Klimaeinflüsse, lokale soziale Kämpfe, Kriege usw. Das alles hat nichts mit den Mechanismen der Akkumulation des Kapitals zu tun.

Manche Theorien, die sich auf diese Periodisierungen stützen, haben dennoch einen gewissen Reiz. Ich möchte Albert Bergesens Ansatz nennen, der die Hegemonieperioden (1820-1870; ab 1945) mit der Entkolonisierung und die

Rivalitätsperioden (1500-1815; 1870-1945) mit der kolonialen Expansion zusammenbringt.

Trotzdem muß ich sagen, daß keiner dieser großen geschichtsphilosophischen Vorschläge, ob auf die moderne Periode begrenzt oder gar rückprojiziert, wie man noch sehen wird, auf mich überzeugend wirkt. Sie gehen nicht über das hinaus, was die konkrete Analyse anhand der Konzepte des historischen Materialismus zu bieten hat. So etwa in den bemerkenswerten Arbeiten Braudels und Wallersteins, die m.E. perfekt Rechenschaft von wesentlichen Tatsachen ablegen: von der Schwerpunktverlagerung Mittelmeer-Atlantik im aufkommenden Kapitalismus, vom europäischen Kontinentalkonflikt (Frankreich-Habsburg), vom englisch-französischen Seekonflikt, vom Aufschwung neuer Zentren (Preußen, Rußland) und vom Niedergang anderer (Österreich, Spanien ...).

Allgemein hat die Weltsystem-These das Pendel zu weit dahin gedrängt, wohin es nach ihrer Voraussetzung weisen sollte: auf die Determination der Teile (der Staaten) durch das Ganze (die Weltwirtschaft). Ich setze – mit Szentes – lieber den Akzent auf die Dialektik des Widerspruchs von Innerem (Nationalem) und Äußerem (Weltsystem).

Das führt sofort zu erheblich anderen Antworten auf die Frage nach den sukzessiven Hegemonien. Sie gleichen sich nämlich nicht. Zuerst besteht die vorgebliche Hegemonie in der Weltwirtschaft des Kapitalismus nicht weltweit. Im 16.-19. Jh. ist die Welt nicht auf Europa und sein amerikanisches Anhängsel begrenzt. Im Realmaßstab der Epoche hat es nicht viel Sinn zu sagen, Venedig oder Holland seien »hegemonial«. Zu rasch gebraucht, verführt die Wendung zu der Entgleisung, daß Damaskus, Bagdad, Kairo und andere Handelsplätze des indischen und chinesischen Orients, ja vorher auch Ägypten, Mesopotamien, Phönikien, Altgriechenland zu ihrer Zeit »hegemonial« gewesen seien. Der Wortsinn wird unklar.

Aber selbst im Maßstab der europäisch-kapitalistischen Weltwirtschaft, die m.E. während der drei Jahrhunderte der merkantilistischen Transition erst entsteht, ist mir unerfindlich, wie Venedig oder die Niederlande »hegemonial« gewesen sein sollen. Sie waren gewiß beachtliche Handels- und Finanzzentren, hatten aber sehr wohl mit der feudal-ländlichen Welt, die sie umringte, mit deren großen Monarchien, ihrem Konflikt und den daraus resultierenden politischen Gleichgewichten zu rechnen. Der Westfälische Friede besiegelt 1648 nicht eine holländische Hegemonie, sondern ein europäisches Gleichgewicht, das sie beseitigt.

Ich bestreite auch, daß man von einer britischen Hegemonie im 18. Jh. reden könne. England erringt damals auf Kosten seines französischen Konkurrenten Vorteilspositionen zur See. Aber noch kann es in Sachen des europäischen Festlands keine besondere Macht ausüben und selbst die potentiellen Peripherien in Übersee nicht wirklich dominieren. Seine Hegemonie wird erst sehr spät errungen, nach der »Öffnung« Chinas und des Ottomanischen Reiches (ab 1840) und der Niederschlagung des Sepoy-Aufstands in Indien (1857). So real damals der industrielle Vorsprung und das Finanzmonopol Großbritanniens auch waren, verschafften sie doch keine wirkliche Hegemonie. Diese »weltweite« Vormacht bekommt es mit dem europäischen Gleichgewicht zu tun, wo England nicht dominiert. Daher wird die britische Hegemonie, kaum herausgebildet (ab 1850-1860), schon durch das Aufstreben der Konkurrenten Deutschland und USA auf industrieller und militärischer Ebene in Frage gestellt (ab 1880), selbst wenn London noch weit länger eine finanzielle Vorrangstellung behält.

Aus diesen Bemerkungen folgere ich, daß die Hegemonie in der Geschichte der kapitalistischen Expansion längst nicht die Regel, sondern die Ausnahme ist, kurzzeitig und brüchig. Gesetz des Systems ist eher andauernde Rivalität.

Haben sich die Dinge seitdem geändert? Oder ändern sie sich gerade wirklich? In mancher Hinsicht ist die Hegemonie der USA nach 1945 tatsächlich neuartig. Die USA haben erstmals in der Menschheitsgeschichte Mittel zu weltweitem militärischem Eingreifen, sei es auch per Verheerung und Völkermord. Von 1945 bis 1990 in Schranken gehalten, weil sie eine militärische Bipolarität mit der UdSSR zu teilen hatten, sind die USA vielleicht geworden oder im Begriff zu werden, was vor ihnen noch niemand gewesen ist, bis auf Hitler in seiner Einbildung: (militärische) Herren der Welt ... Aber wie lange?

Wie zu erwarten, ist die Rede von den Hegemonien heute große Mode. Dem amerikanischen Liberalen Robert Keohane zufolge schafft Hegemonie Stabilität, weil sie zwingt, die »Spielregeln« einzuhalten. Ich beurteile das anders. Das Projekt der »neuen Weltordnung«, das der Golfkrieg nicht zufällig in dem Moment ankündigte, da die UdSSR zu zerfallen begann, bewerte ich als neues Reich des Chaos, als maximale Instabilität voller Widersprüche, die sich gewaltsam entladen dürften: im Wiederaufleben von Rivalitäten zwischen den Zentren und von Explosionen in den Peripherien erst des Südens, dann des Ostens.

Polarisierung, Zyklen und Hegemonien in Systemen vor dem Kapitalismus

Ich behandele die Fragen aus dem Abschnittstitel erst nur für Systeme der Zeit vor 1500; die Spezifiken der Transition im merkantilistischen Kapitalismus (1500-1800) sind im nächsten Abschnitt zu diskutieren.

Gewisse Ungenauigkeiten in der Kapitalismus-Definition, die in der Weltsystem-Denkrichtung aufkamen, mußten zwangsläufig zur Rückprojektion von Merkmalen der modernen Welt verleiten. Im Extremfall, so bei A. G. Frank, wird sogar behauptet, die Vorstellung von Eigenheiten jeder Produktionsweise sei unbegründet, es gebe keinen Unterschied zwischen dem Kapitalismus und angeblich vorangehenden Systemen (kapitalistische und andere Elemente seien in allen Systemen gleichartig vermengt), und die Gesellschaften der Erde seien immer in ein einziges Weltsystem integriert gewesen, soweit sich dessen Spur verfolgen lasse. Das trifft sich mit dem alten Anliegen der bürgerlichen Geschichtsphilosophien, das System als ewig und Mühen um Veränderung als müßig hinzustellen.

Gewiß kann man im Hochabstrakten immer mehr oder minder deutliche Analogien aller Zeitalter finden, denn schließlich handelt es sich um die Menschheitsgeschichte, die in bestimmten anthropologischen Grundaspekten durch die Zeiten hindurch sich selbst gleich bleibt. Die Illusion dieser Analogien wirkt noch stärker, weil die Sozialtheorie Wörter der Umgangssprache verwendet. Ich habe die Ausdrücke »Zentren« und »Peripherien« selber in Analysen der Epochen vor dem Kapitalismus benutzt, jedoch für nötig gehalten zu präzisieren, daß ihr Inhalt sich beim Gebrauch für unterschiedliche Sozialsysteme ändert. Daher behaupte ich, daß das Zusammenwerfen der Epochen vom Aushöhlen der Begriffe herkommt: Der Kapitalismus wird auf marktwirtschaftliche Verhältnisse reduziert und mit ihnen verwechselt, die Verhältnisse von ökonomischer Basis und politisch-ideologischem Überbau werden einseitig ökonomistisch und unveränderlich aufgefaßt, usw. Alle diese Theorien sind von Grund auf mechanistisch und ökonomistisch, im Gegensatz zum historischen Materialismus, dem das fälschlich vorgeworfen wird.

Der Streit zwischen Anhängern einer Theorie der Originalität jeder Produktionsweise und Verfechtern einer Theorie, die eine Kombination von merkantilen Strukturen mit sozialen Machtstrukturen die Produktionsweisen überdauern sieht, beruht m.E. auf einer schiefen, weil in ihren Elementen schlecht definierten Fragestellung. Der historische Materialismus, wie ich ihn verstehe, hat eine Frage richtig, ja endgültig beantwortet – und drei andere in der Schwebe gelassen. Marx hat m.E. die Spezifik der kapitalistischen Produktionsweise erhellt; nach ihm kann man sie nicht mehr auf eine Kombination von Privateigentum, Lohnarbeit und Marktverhältnissen reduzieren. Aber drei ebenso wichtige Fragenreihen blieben offen. Die erste betrifft die »früheren Produktionsweisen«. Ich habe die dominante Interpretation, die immer mehr frühere Produktionsweisen anführt, kritisiert und nur eine beibehalten, die tributäre. Das unterstreicht die Identität des Verhältnisses Macht/Aneignung des Mehrprodukts in allen früheren Formen gegenüber dem Kontrast, der im Kapitalismus formell die Macht von der Aneignung des Mehrprodukts gemäß dem Wertgesetz trennt. Die zweite Frage betrifft den Kapitalismus als Weltsystem; sie wurde, wie schon gesagt, vom historischen Marxismus nicht wirklich behandelt. Die dritte offene Frage betrifft Grad und Formen der regionalen – oder gar globalen – Interdependenz in den früheren Epochen.

In dem Widerstreit zwischen »Substantivisten« (laut denen sich die Marktverhältnisse in die Sozialstrukturen einordnen) und »Formalisten« (laut denen der Markt die unveränderliche Logik des *homo oeconomicus* ausdrückt) bleiben die obigen Bemerkungen außer acht. Karl Polanyi hat das gewiß nicht zu verantworten, denn für ihn waren die Marktverhältnisse der alten Epochen (die er nicht mit dem kapitalistischen Wertgesetz zusammenwarf) tatsächlich außerökonomischen Machtlogiken unterworfen. Die »primitivistischen« und »modernistischen« Anthropologen, die den besagten Streit geschürt haben, kannten nicht alle den Marxismus so gründlich wie Polanyi.

Das Zusammenwerfen von kapitalistischen und Marktverhältnissen, ja gar die Reduktion der einen auf die anderen sind m.E. schuld an der Entgleisung und an der Rückprojektion von Feststellungen, die für die moderne Welt getroffen wurden.

Ich verweile nicht bei der Analyse der früheren Systeme, die ich tributär genannt habe, weil sie seit den Revolutionen, aus denen sie um 500-300 v. Chr. hervorgingen, von den tributären Ideologien des hellenistischen, des hinduistischen und des konfuzianischen Raums bestimmt waren. Das unterstreicht die Dominanz der Ideologie in den vorkapitalistischen Systemen. Aus demselben Grund erwähne ich hier drei Räume und nicht vier wie jene, die den Nahen Osten (arabischer Zeiten) vom iranischen Mittelasien (vor dem Eindringen der Turkvölker) unterscheiden. Denn die Geschichte liest sich entgegen dem Zeitpfeil. Kurz vor dem Auftreten des Kapitalismus gibt es tatsächlich einen islamischen Großraum, der die arabische, die iranische und die türkische Welt umfaßt. Aber dieser Raum ist in sukzessiven Wellen auf dem Boden des Hellenismus entstanden, und ich behaupte, daß sich der Islam als letzte Form der tributären Ideologie für diese Region konstituiert hat. Deswegen betrachte ich auch das – christliche – Europa als Peripherie derselben Region, wobei dieselbe tributäre Ideologie (in Form des Christentums) dort auf ein Substrat »feudaler« Machtzersplitterung einwirkt. Aber vor Alexander gibt es eben nicht eine Region »Naher Osten – Mittelasien«, sondern mehrere gesonderte tributäre Pole (Ägypten, Mesopotamien, achämenidischer Iran). Alexander begann, die Region zu einigen, ohne dies wirklich zu erreichen, und Rom wich zurück, ließ den sassanidischen Iran (samt seiner Ausdehnung nach Mittelasien) außerhalb seiner Eroberungen. Der Islam bildete die dritte Welle, er vereinte tatsächlich die Region. Allgemein findet man um so mehr tributäre Ausgangspole, je weiter man in der Zeit zurückgeht.

Diese Ansicht nähert sich z.T. der Auffassung David Wilkinsons, der das Eroberungs- und Vereinigungswerk der »zentralen Zivilisationen« als Fusionsprozeß darstellt (Ägypten-Mesopotamien, dann Naher Osten-Griechenland, dann Erbschaft des Alexanderreichs-Rom-Europa, usw.). Dies unter dem Vorbehalt, daß die kulturelle Eroberung des gesamten Erdballs nur das Werk des modernen Kapitalismus sein konnte, daß diese Eroberung immer unvollendet bleibt und daß sie unaufhörlich neue Differenzierungen hervorruft (weil der Kapitalismus bei den Opfern seiner polarisierenden Expansion auf Widerstand stößt, sei's auch auf Widerstand der Kulturen). Die Ansicht hat jedoch den Vorteil, daß sie auf den spezifischen Widerspruch im Pseudo-Universalismus des Kapitalismus hinweist, verrät der doch immer seine europäische Abkunft.[2]

Wenn tributäre Großregionen entstanden, mußten sie sich nicht unbedingt zu einem einheitsstaatlichen System zusammenschließen. Nach Michael Mann stimmten vielmehr die Bereiche der politischen und militärischen Machtorganisation, des ökonomischen Austauschs, der religiös-ideologischen Beeinflussung generell nicht überein. Ihre mehr oder minder gelungenen Kombinationen definierten unterschiedliche Gesellschaften; manche konnten fortdauern und sich entfalten, ja sich öffnen und erobern; andere blieben in tödlichen Sackgassen stecken. In diesem Rahmen können Begriffe wie »Zentren«, »Peripherien« und »Hegemonie« taugen, sofern sie nicht, per Angleichung an den modernen Kontrast, auf ökonomische Ausbeutung abheben. Ebenso kann im Hinblick auf die Austausch- und Interaktionsnetze, die viel weiträumiger waren, als mancher sich denkt, von »regionalen Systemen« gesprochen werden, vorausgesetzt wiederum, daß man die sehr selektiven Wirkungen dieser Austauschnetze nicht mit den viel stärker strukturierenden Effekten des modernen Weltsystems verwechselt, das deswegen als einziges dieses Prädikat verdient. Die Lektüre der Geschichte zeigt, entgegen extremen Behauptungen über das »Weltsystem«, die außerordentliche Beständigkeit des Gleichgewichts der großen Pole der alten Welten.

Beständigkeit heißt nicht statischer Zustand. Alle alten Systeme sind vielmehr in dauernder Bewegung, getrieben von einem kennzeichnenden, identischen Grundwiderspruch. Dieser Widerspruch bringt die dominante Logik der

---

[2] Diesen Widerspruch habe ich in *L'eurocentrisme* zu analysieren versucht.

tributären Macht in Konflikt mit den Entwicklungserfordernissen der Produktivkräfte, die sich in der Tendenz zur Verselbständigung der Marktverhältnisse äußern.

In beachtlichen Arbeiten weisen Janet Abu Lughod, K. N. Chaudhuri, John Fitzpatrick, G. Coedes und andere diesen Widerspruch für den islamischen Orient, für Indien und für China nach. Er wirkt dort in jeder Hinsicht wie im europäischen Mittelalter und in den Jahrhunderten des Merkantilismus, der kapitalistischen Transition. Die Rolle der See- und Landhandelsstädte an den »Seidenstraßen«, in Frankreich, Deutschland, Italien, im islamischen Orient, in Mittelasien, Malakka, der Sahara, an der afrikanischen Ostküste, am Gelben Meer und an der Japansee ist überall analog: In Massen werden dort (allerdings in Manufakturen oder nach dem Verlegersystem) Produkte für den Export gefertigt, nicht immer nur Luxusartikel, sondern auch für den allgemeinen Bedarf, wenn auch nur der wohlhabenden Klassen. Man kann hier also von Handelskapitalismus reden. Marx macht es auch. Der Konflikt zwischen jenem und der tributären Macht, sein Selbständigkeitsstreben, sein Drängen auf Expansion über See sind keine Spezifika der europäischen Geschichte. Sie finden sich auch in China, wo die Schwerpunktverlagerung der Wirtschaft vom »feudalen« Norden zum »maritimen« Süden nahe daran war, das konfuzianische Reich in ein Nebeneinander von Staaten zu zersprengen; einige Einheiten mit typisch merkantiler Struktur hätten im Gelben Meer und im Pazifik das schaffen können, was der Merkantilismus später im Mittelmeer- und im Atlantikraum leistete. Der Stoppschuß, den die Ming abgaben, kann daher gleich den Invasionen der Turkvölker und Mongolen im Nahen Osten als historischer Zwischenfall erscheinen, der Europa seine Chance bot. Der Kapitalismus hätte in China aufkommen können; er ist nicht Produkt einer europäischen Ausnahme von der Regel, wie die eurozentrische Ideologie unterstellt, sondern der normale Ausweg aus dem Grundwiderspruch aller tributären Systeme.

Das anzuerkennen heißt aber keineswegs, daß der Kapitalismus dort schon präsent gewesen sei, und ebensowenig, daß die Ursache, derzufolge er gerade in jener peripheren Region der tributären Welt, in Europa, auftrat, nicht gesondert zu untersuchen wäre, und folglich auch nicht, daß die Merkantilperiode in Europa nichts Neues gebracht hätte, nur das, was schon früher und anderswo zu sehen war. Desgleichen erlaubt die Intensität der Beziehungen im weltweiten Netz der Handelsstädte der tributären Epochen nicht, von einem integrierten Weltsystem zu reden, wie es dann der moderne Kapitalismus herausbildet. Wer vergißt, daß diese Manufaktur- und Handelsstädte keine Industriestädte waren, daß sie in einer dominanten ländlichen Welt lagen und für die tributären Mächte eine leichte Beute abgaben, der verflacht die Geschichte.

Wir können nun anhand präzisierter Grundsätze auf die Fragen nach den ungleichen Entwicklungen, den Polarisierungen und den damit verbundenen Hegemonien sowie nach eventuellen Zyklen in den alten Perioden zurückkommen.

Kajsa Ekholm folgert in einer Analyse, die in mehreren Hinsichten zu beachten ist: 1. Selbst im frühen Altertum (z.B. in Mesopotamien) sind Staaten, die auf der Kontrolle der Agrarproduktion fußen, von denen zu unterscheiden, die weiter ausgedehnte Marktnetze in der Hand haben und darauf bauen; 2. agrarische Überschüsse (an Getreide) konnten nur dann in Bronze, Textilien, Paläste, Juwelen und Waffen transformiert werden, wenn die lokale Macht Zugang zu den Rohstoffen für diese Produktionen hatte und sie ggf. außerhalb ihrer politischen Grenzen zu beschaffen suchte; 3. der Austausch betraf in diesem Fall nicht »Luxusartikel«, sondern sehr wohl den Grundbedarf. Kajsa Ekholm unterscheidet daraufhin die herrschenden Klassen der Zentren, die unter innerem Zwist (von grundbesitzenden Aristokraten, Bürokraten und Händlern) die Volksklassen in verschiedenen Formen ausbeuten (Tribut, Sklaverei, Lohnarbeit), von denen der Peripherien, wo bloß eine Oberschicht von »Feudal«herren besteht, den Export der eigenen Rohstoffe vermittelt und die Importe kontrolliert. Gegen alle diese Thesen ist nichts einzuwenden, außer daß es sich nicht schon um Kapitalismus in vorkapitalistischen Gesellschaften handelte. Im übrigen gibt Kajsa Ekholm an, daß jene Zentren-Peripherien-Beziehungen verwundbar und stets von der wechselhaften Evolution der politischen und militärischen Mächte abhängig waren.

Die von Michael Rowlands herausgegebene Studiensammlung will die Debatte über die Begriffe »Zentrum« und »Peripherie« in der Altertumsforschung eröffnen. Ich erwähne hier die absolut fundamentalen Bemerkungen von Phil Kohl: 1. Oft kontrollierten die fortgeschrittensten Gebiete (z.B. die Handelsstädte Mittelasiens) nicht die grundlegenden Techniken (Metallbearbeitung, Pferdezucht), so daß im Verhältnis Zentrum-Peripherie das Merkmal der ökonomischen Ausbeutung fehlte; 2. diese Techniken waren generell noch so einfach, daß sie nicht von hegemonialen Zentren monopolisiert werden konnten wie die moderne Technologie. Zu erwähnen ist auch Liveranis Hinweis, daß Zentren und Peripherien einer Region durch Gemeinsamkeiten des ideologischen Systems verbunden sind; er deckt sich mit meinen Ansichten zur Dominanz der Ideologien in den tributären Systemen. Ich erwähne schließlich, daß Marfoe, Moorey und Larsen für Ägypten, Mesopotamien und den ganzen Nahen Osten Zyklen von Expansion und politischer Krise ausweisen, und bemerke dazu: Das ergibt sich aus dem Konflikt zwischen der tributären Logik und den Verselbständigungstendenzen der Marktelemente in der Gesellschaft, also gerade aus dem Grundwiderspruch der tributären Produktionsweise. Letzten Endes bietet diese Sammlung ein einziges Beispiel für massive »äußere« ökonomische Ausbeutung im Altertum, nämlich Rom (von Daphne Nash untersucht). Dessen Senatorenoligarchie und der mit ihr verbundene Ritterstand plünderten die Provinzen durch Tribute und monopolisierte Handelsbeziehungen aus. Aber das Römische Reich war, wie das Ottomanische Reich, ein Räuberstaat und hatte deswegen nur eine extrem kurze Blütezeit, danach aber eine lange Verfallsperiode. Meiner Ansicht nach stand das Zentrum-Peripherie-Verhältnis hier auf dem Kopf: Die ökonomisch ausgeplünderten Peripherien waren die Zentren der dominanten Kultur (der hellenistischen in Rom, der arabischen und persischen im Türkischen Reich).

Die historische Herausbildung des Kapitalismus

Vor der Entdeckung Amerikas durch Europa wirkte in allen fortgeschrittenen Tributärsystemen (islamischer Orient, Indien, China) derselbe Grundwiderspruch. Zu überwinden war er nur durch die »Erfindung« des Kapitalismus. Die Tatsache, daß diese Antwort in Europa aufkam, bleibt ebenso konkret zu erklären wie die Gründe, aus denen die Entwicklung des Kapitalismus in Europa die möglich gewesene gleichgerichtete Evolution in den anderen Weltregionen gestoppt, ja sie zu Rückentwicklungen gebracht hat.

Für mich sind das keine neuen Fragen. Sie waren Hauptgegenstand meiner Anliegen und Schriften seit 1957. Meine Antworten lagen zudem von vornherein auf dem Terrain, das dann die Weltsystem-Schule der Kapitalismusforschung bearbeitete. Ich erinnere also nur kurz an meine Folgerungen.

- Die merkantilistische Transition in Europa ist einzigartig, anders als anderswo und zuvor aufzufindende Situationen. Die Singularität besteht darin, daß der absolutistische Staat der europäisch-merkantilistischen Epoche nicht die Fortsetzung der zersplitterten feudalen Tributärmacht aus der vorigen Epoche, also einer peripheren Form des Tributärstaats, sondern deren Negation ist; dagegen hat der Tributärstaat anderswo und zuvor (islamischer Osten, Indien, China) eine vollendete, von mir als zentral bezeichnete Form, die er behält.
- In der Phase von 1150-1300 expandiert der europäische Feudalismus nach der ihm eigenen Machtlogik, durch Neulanderschließung. Diese Expansion erschöpft sich in der nächsten Phase (1300-1450), in der die Erträge abnehmen; aber das Machtsystem bleibt unverändert (feudal). Diese beiden Phasen sind also ganz anderer Art als später die kapitalistischen Expansions- und Krisenphasen, deren spezifischer Mechanismus sich hier nicht findet. In dieser Lage

zeigt die europäische Tributärformation, so peripher sie auch ist, eine Flexibilität, die von der relativen Starrheit der fortgeschrittenen zentralen Tributärformen absticht. Die Krise des Feudalsystems wird durch das Aufkommen des absolutistischen Staates überwunden, und dieser tritt in den Dienst einer merkantilistischen Weltwirtschaft, die er mit der Eroberung Amerikas kreiert hat.

■ Die Behauptung, der absolutistische Staat sei feudaler Natur, weil der kapitalistische Staat vom Wesen her liberal sein müsse, ist eine von der bürgerlichen Ideologie produzierte Entstellung, irreführend wie andere ihresgleichen – etwa, daß Englands Vorteil gegenüber seinem französischen Hauptkonkurrenten auf seinem politischen System (Anfänge des Liberalismus im 18. Jahrhundert), auf seiner Ideologie (dem Protestantismus) oder auf technologischer Überlegenheit beruht habe. Tatsächlich kam dieser Vorteil vom Vorrang Englands in der systematischen Ausbeutung der amerikanischen Peripherien.

■ Beim Aufbau des neuen Systems von Zentren-Peripherien-Beziehungen zwischen dem atlantischen Europa und Amerika werden nicht die – wenn auch ungleichen – Verhältnisse nachgebildet, die in früheren Epochen auf geografischer Ausweitung von Handelsbeziehungen fußen. Amerika »handelt« nicht mit Europa; es wird so behandelt, daß es als Peripherie integriert und vom merkantilistischen Europa ökonomisch ausgebeutet werden kann. J. M. Blaut, ein Autor der Weltsystem-Schule, hat zu Recht das außerordentliche Ausmaß dieser Ausbeutung hervorgehoben; es zeigte sich u.a.: 1. in einem erheblichen Zustrom von Gold und Silber, der die soziale Position der neuen Handelskapitalisten in der europäischen Gesellschaft stärkte und ihnen entscheidende Vorteile vor allen Konkurrenten gab (sie konnten in aller Welt bessere Preise bieten); 2. in dem ungeheuren Volumen der Profite aus den amerikanischen Pflanzungen – die Zuckerausfuhr aus Brasilien ist 1600 doppelt soviel wert wie der britische Gesamtexport, usw.

■ Die beiden Zyklen der merkantilistischen Weltwirtschaft, Expansion (1450-1600) und Neuanpassung (1600-1750), haben deswegen auch ihre Eigenart und sind wesensverschieden von den späteren Zyklen des vollendeten Kapitalismus.

■ In der Entstehungsgeschichte des europäischen Kapitalismus sind also diese beiden Faktoren unauflöslich, untrennbar verbunden: zum einen die Flexibilität der peripher-feudalen tributären Produktionsweise; zum anderen der Aufbau einer merkantilistischen Weltwirtschaft, mit entsprechender Behandlung der amerikanischen Peripherie. Ich werte das als ungleiche Entwicklung (der qualitative Sprung nach vorn beginnt an den Peripherien des früheren Systems) und wende mich mit dieser Analyse gegen die kulturalistischen Argumente vom »europäischen Wunder«, die Dominante der eurozentrisch entstellten westlichen Ideologie, die ich kritisiere: gegen den Rückgriff auf den mythischen griechischen Vorfahren, gegen die Christentümelei, gegen den Rassismus.

■ Der kapitalistische Charakter der merkantilistischen Transition äußert sich in dem ideologischen Bruch, mit dem die Herausbildung des absolutistischen Staates einhergeht: in der Absage an die Hegemonie der Metaphysik.

Die Zukunft des Kapitalismus

Die Polarisierung, die dem weltweiten Kapitalismus innewohnt, aber von der »liberalen« Ideologie absichtlich ignoriert wird, nimmt deren Behauptungen jeden Sinn. Die Integration in dieses Globalsystem setzt allein schon einen in der Logik der Expansion des Kapitals unüberwindbaren Widerspruch, denn sie vereitelt jeden Versuch der Peripherien, also von mindestens drei Vierteln der Menschheit, »aufzuholen« und diesen Völkern damit Lebensstandards zu bieten, die sich mit denen der privilegierten Minderheit der Zentren vergleichen können.

Um Sinn zu haben, müßte die liberale Ideologie die totale Öffnung der Grenzen proklamieren, für die Migration der Arbeitenden ebenso, wie sie das für den Austausch und die Kapitalflüsse verlangt. Dann wäre ihre Logik in sich stimmig darauf gerichtet, die sozialen Bedingungen im Weltmaßstab auf kapitalistischem Weg anzugleichen. Diese Öffnung ist einfach deswegen nicht an der Tagesordnung, weil das nationale Moment diese Perspektive durchkreuzt. Ob die dafür angezogenen Gründe aus Politik, Ideologie, Kultur stichhaltig sind oder nicht, tut nichts zur Sache. Das Moment ist da. Die Verfechter der liberalen Ideologie werden dann sagen, die Öffnung für Waren- und Kapitalbewegungen sei ein *second best*. Das hat nicht viel Sinn, denn die eingeschränkte Öffnung ist gerade die Ursache der Polarisierung, des Unannehmbaren. Sagt man etwa, der Tod sei das *second best* nächst dem Leben? Die liberale Ideologie ist also schlicht und einfach Betrug. Denn ein echtes *second best* läßt sich nach dem Maß bestimmen, in dem es die Polarisierung verringert. In diesem Geist will die Logik: Sollen die Migrationsflüsse unter Kontrolle bleiben, dann gilt gleiches bei der Öffnung für Handel und Kapitalflüsse. Deshalb ist die »Abkopplung« unumgänglich, definiert sie eine Hauptbedingung für das Überwinden des Kapitalismus wie auch für das allmähliche Verringern der Polarisierung.

Wer behauptet, keine Gesellschaft könne der ständigen Herausforderung der (kapitalistischen) Globalisierung entrinnen, »Entwicklung« verstehe sich nur innerhalb dieses Systems, »selbständige Entwicklung« außerhalb seiner sei nicht möglich, der hält sich an einen realen Tatbestand: Kapitalistische Entwicklung ist wirklich so. Aber er gibt von vornherein die Idee preis, daß es möglich ist, die Welt zu verändern.

Weil es nötig ist, die beiden Ebenen zu unterscheiden, trete ich dafür ein, die Begriffe »kapitalistische Expansion« und »Entwicklung« auseinander zu halten, wenn es auch leidiger Brauch ist, sie zu verwechseln. Kapitalistische Expansion ist ihrer Natur nach polarisierend. Entwicklung muß, per Definition, von anderer Natur sein und diese Polarisierung überwinden. Entwicklung ist m.E. ein kapitalismuskritischer Begriff.

Die Entwicklungsideologie, die nach dem Zweiten Weltkrieg im Vordergrund stand, hat diesen Unterschied nicht klargemacht. Für die einen, die nationalen Bourgeoisien der Dritten Welt in der Bandung-Ära (1955-1975), sollte die »Entwicklung« gestatten, im Weltsystem selbst mittels staatlicher Maßnahmen (Nationalisierungen, Industrialisierung usw.) »aufzuholen«. Die anderen, die sozialistisch genannten Staaten, garnierten dasselbe Ziel des »Aufholens« (das offenkundig auf Angleichung hinausläuft) mit Brocken der ihm widersprechenden Zielstellung, eine »andere Gesellschaft« zu errichten.

Im übrigen ist das unkontrollierbare exponentielle Wachstum, das die kapitalistische Produktionsweise ihrer Logik nach hervorruft, der Weg zum Selbstmord, wie die Ökologisten (erneut) aufgedeckt haben. Der Kapitalismus ist demnach als Produktionsweise wie als Weltsystem zugleich selbstmörderisch und kriminell, denn letzten Endes führt er zu Massen- und Völkermord in seinen zur Revolte gedrängten Peripherien.

Die Zukunft der weltweiten Polarisierung

1. Die Ungleichheit in der Entwicklung der menschlichen Gesellschaften prägt die gesamte bekannte Geschichte seit dem frühesten Altertum. Aber erst in der Neuzeit wird die Polarisierung zum immanenten Produkt der Expansion eines Systems, das erstmals in der Geschichte alle Völker des Erdballs in dieselbe ökonomische Logik, jene des Kapitalismus, eingebunden hat.Die moderne (kapitalistische) Polarisierung hat, der Evolution der kapitalistischen Produktionsweise entsprechend, sukzessiv unterschiedliche Formen angenommen:

- Die merkantilistische Form (1500-1800), vor der industriellen Revolution, war bestimmt von der Hegemonie des Handelskapitals der dominanten atlantischen Zentren und der totalen Unterwerfung der entsprechend zugerichteten damaligen Peripherien (beider Amerikas) unter die Akkumulationslogik dieses Handelskapitals.
- Die »klassische« Modalität ging dann von der industriellen Revolution aus, die zum Merkmal der zentralen Formen des Kapitalismus wurde. Die Peripherien (neben Lateinamerika allmählich ganz Asien, bis auf Japan, sowie Afrika) blieben ländlich, nichtindustrialisiert, und somit in der weltweiten kapitalistischen Arbeitsteilung auf Agrar- und Bergbauproduktion spezialisiert. Diesen Hauptzug der Polarisierung ergänzte ein zweites, ebenso wichtiges Systemmerkmal: die Kristallisierung der zentralen Industriesysteme als selbstzentrierte nationale Systeme, parallel zum Ausbau des bürgerlichen Nationalstaats. Zusammen kommen beide Merkmale dafür auf, daß die Ideologie der nationalen Befreiung, diese Antwort auf die Polarisierung, zwei Dominanten herausbildete: das Streben nach Industrialisierung, als Inbegriff befreienden Fortschritts und Weg zum »Aufholen«; das Streben zum Nationalstaat nach dem Muster der Zentren. Die Modernisierungsideologie wird von diesem Hauptinhalt der Moderne-Auffassung geprägt. Die klassischen Formen der Polarisierung definieren das globale System von der industriellen Revolution (ab 1800) bis nach dem Zweiten Weltkrieg.
- In der Nachkriegsperiode (1945-1990) erodieren diese beiden Merkmale allmählich. Das ist die Zeit der Industrialisierung der Peripherien. Ungleich ver-

laufend, wird die Industrialisierung in Asien und Lateinamerika zum dominanten Faktor, vorangetrieben von der nationalen Befreiung in den wieder mehr oder minder politisch unabhängig gewordenen Peripheriestaaten. Zugleich werden die eigenständigen nationalen Produktionssysteme der Zentren nach und nach abgebaut und zu Elementen eines global integrierten Produktionssystems umgebaut. Diese beiderseitige Erosion ist die neue Erscheinungsform der tiefergreifenden Globalisierung.

■ Unter der Häufung dieser Transformationen brechen die Gleichgewichte weg, die das Weltsystem der Nachkriegszeit charakterisiert hatten. Das führt von selbst nicht auf eine neue Weltordnung, die u.a. neue Polarisierungsformen zeigen würde, sondern auf eine »globale Unordnung«. Das Chaos, das jetzt herrscht, resultiert aus dem dreifachen Versagen des Systems, das

a) keine neuen, den Nationalstaat überschreitenden politischen und sozialen Organisationsformen entwickelt hat, wie sie die Globalisierung des Produktionssystems jetzt erfordern würde;

b) nicht ökonomische und politische Beziehungssysteme gestaltet hat, die geeignet wären, das Industrialisierungsbemühen der nun weltmarktfähigen neuen Peripherien Asiens und Lateinamerikas mit fortgesetztem Gesamtwachstum abzustimmen;

c) die Beziehungen zu den Peripherien Afrikas, die nicht bis zur Wettbewerbsfähigkeit industrialisiert wurden, nur im Sinn der Ausgrenzung gestaltet hat.

Dieses Chaos tritt in allen Weltregionen und in allen Dimensionen und politisch-ideologischen und sozialen Erscheinungsformen ihrer Krise zutage. Aus ihm entspringen die Schwierigkeiten in Europa, wo die Integration der Märkte und der parallele Ausbau von integrativen politischen Formen der EU plötzlich zu stocken scheinen. Aus ihm entspringen auch die Wirren in allen Peripherien, so in Osteuropa, in der halbindustrialisierten alten Dritten Welt wie in der marginalisierten neuen Vierten Welt. Das jetzige Chaos bringt die Globalisierung bei weitem nicht voran, es zeigt eher an, daß sie äußerst verwundbar ist.

■ Der chaotische Aspekt, der zur Zeit überwiegt, darf nicht daran hindern, über mögliche Evolutionen zu einer »neuen Weltordnung« nachzudenken, auch wenn und gerade weil die Vielgestaltigkeit dieser Evolutionen verschiedene Typen künftiger Weltordnungen möglich macht. Meine Gedanken sollen hier zur Diskussion dieser Fragen anregen; sie werden ja dort unterschlagen, wo die Rede von der »unausweichlichen Globalisierung« in Siegerpose geführt wird, sosehr auch alle aktuellen Fakten deren Hinfälligkeit illustrieren.

Der Leser hat gewiß bemerkt, daß die vorliegende Analyse der Geschichte des Weltkapitalismus die »Hegemonie«frage nicht als zentral behandelt und diese Geschichte nicht als Abfolge von Hegemonien ansieht, zumal dieser Begriff immer unscharf bestimmt und wissenschaftlich kaum brauchbar wirkt. Ich halte Hegemonien für Ausnahmen, nicht für die Regel in der Realgeschichte. Dominant ist darin der Konflikt der Partner, der Hegemone mattsetzt. Die Hegemonie der USA, die sich zur Zeit durchzusetzen scheint, vielleicht nur mangels einer Alternative in diesem Chaos, bleibt also ebenso brüchig und hinfällig wie die Globalisierung in ihren jetzigen Formen.

2. M.E. muß zuerst gründlich diskutiert werden, worin das Neue an dem Weltsystem liegt, das durch die Erosion des vorigen Systems entstand. Ich sehe es, wie schon gesagt, in zwei Momenten: zum einen in der Erosion des selbstzentrierten Nationalstaats, dessen Grenzen die – nun schwindende – Übereinstimmung des Reproduktionsraums der Akkumulation und des Raums ihrer politischen und sozialen Verwaltung definiert hatten; zum anderen in der Erosion der Kontrastform »industrialisierte Zentren/nichtindustrialisierte Peripherien« und im Aufkommen neuer Dimensionen der Polarisierung.

Die Stellung eines Landes in der globalen Pyramide bestimmt der Grad der Wettbewerbsfähigkeit seiner Produktionen auf dem Weltmarkt. Man kann diese Binsenweisheit anerkennen, ohne der bürgerlich-ökonomistischen Vulgata darin beizupflichten, daß diese Stellung mittels »rationeller« Wirtschaftspolitiken zu erringen sei, deren Rationalität sich am Befolgen vermeintlich »objektiver Marktgesetze« messen soll. Ganz entgegen diesem für selbstverständlich genommenen Unsinn behaupte ich:

Die fragliche »Wettbewerbsfähigkeit« ist das komplexe Produkt einer Gesamtheit von Bedingungen, die im Gesamtfeld der – ökonomischen, politischen und sozialen – Realität wirken. In einem ungleichen Ringen setzen die Zentren hier auf ihre, wie ich sage, »fünf Monopole«, die zusammen für die Effizienz ihrer Aktionen sorgen. Diese fünf Monopole, die folglich die Sozialtheorie in ihrer Gesamtheit angehen, sind m.E.:

Erstens: die Monopolstellung der gegenwärtigen Zentren im Bereich der Technologie. Solche Monopole erfordern gewaltige Ausgaben, die nur der Staat, der große und reiche Staat, stützen kann. Ohne diese Stützung – die der liberale Diskurs immer verschweigt – und besonders ohne die Stützung durch Rüstungsausgaben ließen sich diese Monopole zumeist nicht bewahren.

Zweitens: Die Monopolstellung in der Kontrolle der globalen Finanzflüsse. Die Niederlassungsfreiheit für die großen Operateure des weltweiten Finanzmarkts hat diesen Monopolen eine nie dagewesene Effizienz verschafft. Noch vor kurzem konnte das Sparaufkommen einer Nation größtenteils nur in dem generell nationalen Betätigungsraum ihrer Finanzinstitute zirkulieren. Heute ist das anders: Dieses Sparaufkommen wird durch Intervention von Finanzinstituten mit weltweitem Geschäftsfeld zentralisiert. Sie bilden das Finanzkapital, das am stärksten globalisierte Segment des Kapitals. Allerdings gründet sich dieses Privileg auf eine politische Logik, die die finanzielle Globalisierung gutheißt. Sie kann durch politische Entscheidungen für Abkopplungen – z.B. in bezug auf Finanztransfers – in Frage gestellt werden. Zudem tätigt das globalisierte Finanzkapital seine freizügigen Bewegungen im Rahmen eines m.E. überlebten Weltwährungssystems.

Die Stützen des Systems sind das Dogma der freien Devisenwertbestimmung durch den Markt (nach der Theorie, daß Geld eine Ware wie alle anderen sei) und die Bezugnahme auf den Dollar als de-facto-Weltwährung. Die erste Stütze hat kein wissenschaftliches Fundament, die zweite hält nur mangels Alternative. Eine Landeswährung kann nur dann befriedigend als internationale Währung fungieren, wenn internationale Konkurrenzfähigkeit einen strukturalen Ausfuhrüberschuß im Trägerland bringt, so daß es die Finanzierung der Strukturanpassung in anderen Ländern sichern kann. Das galt für Britannien im 19. Jh. Es gilt nicht für die USA von heute, die im Gegenteil ihr Defizit finanzieren, indem sie andere zwingen, sie zu kreditieren. Es gilt auch nicht für die Konkurrenten der USA, denn der Aktivsaldo Deutschlands ist nach der Vereinigung geschrumpft, und Japans Überhang steht zum Finanzbedarf für die Strukturanpassung der anderen in keinem Verhältnis. Unter diesen Bedingungen ist die finanzielle Globalisierung keineswegs »naturgemäß« geboten, sondern äußerst heikel. Kurzfristig bringt sie nur dauernde Instabilität statt der Stabilität, die zum effizienten Verlauf der Anpassungsprozesse nötig wäre.

Drittens: Die Monopolstellung beim Zugang zu den Naturschätzen der Erde. Die Gefahren, die jetzt durch unsinnige Ausbeutung dieser Ressourcen für die ganze Welt entstehen, kann der bloß auf kurzfristige soziale Rationalität setzende Kapitalismus nicht beheben. Um so schwerer wiegt das Monopol der entwickelten Länder, denn sie achten nur darauf, daß die anderen nicht ebensoviel vergeuden wie sie selbst.

Viertens: Die Monopolstellung im Kommunikations- und Medienbereich. Damit wird nicht nur eine nach unten nivellierte Weltkultur verbreitet, sondern auch mit neuen Mitteln politisch manipuliert. Die Expansion des Marktes der neuen Medien ist bereits ein starker Faktor beim Abbau von Begriff und Praxis der Demokratie im Westen.

Fünftens: Die Monopolstellung im Bereich der Massenvernichtungswaffen. In der Nachkriegszeit durch die Bipolarität eingeschränkt, wird dieses Monopol wieder, wie schon 1945, für die amerikanische Diplomatie die absolute Waffe, deren Gebrauch ihr allein zustehen soll. Wenn die »Weitergabe« offensichtlich die Gefahr der Entgleisung in sich birgt, weil wirklich umfassende Abrüstung unter weltweiter demokratischer Kontrolle nicht stattfindet, so gibt es doch kein anderes Mittel, dieses unannehmbare Monopol zu brechen.

Insgesamt bestimmen diese fünf Monopole das Wirkungsfeld des globalisierten Wertgesetzes. Weit entfernt davon, eine »rein« ökonomische Rationalität anzuzeigen, ist dieses Gesetz der verdichtete Ausdruck jenes gesamten Bedingungsgefüges. Ich sage hier, daß jenes Gefüge der Industrialisierung der Peripherien die Tragweite nimmt, denn es entwertet die in ihren Erzeugnissen geronnene produktive Arbeit und setzt dagegen die angebliche Wertschöpfung durch Tätigkeiten, welche die neuen Monopole der Zentren anwenden, zu hoch an. Es erzeugt so eine neue Hierarchie in der Einkommensverteilung im Weltmaßstab, die ungleicher wird als je zuvor, und reduziert die Industrie der Peripherien auf die subalterne Rolle von Zulieferern. Die Polarisierung findet darin ihre neue Grundlage und die Leitlinien für ihre künftigen Formen.

3. Im Gegensatz zum dominanten ideologischen Diskurs behaupte ich: Die »Globalisierung durch den Markt« ist eine reaktionäre Utopie. Es gilt, gegen sie in Theorie und Praxis die Alternative des humanistischen Projekts einer Globalisierung mit sozialistischer Perspektive zu entwickeln.

Zur Realisierung solch eines Projekts gehört der Aufbau eines weltweiten politischen Systems, das nicht dem Weltmarkt »dient«, sondern den Rahmen seines Wirkens bestimmt, so wie der Nationalstaat historisch nicht das Entfaltungsgebiet des nationalen Marktes, sondern den sozialen Rahmen dieser Entfaltung darstellte. Ein weltweites politisches System hätte daher bedeutende Verantwortlichkeiten auf jedem der folgenden vier Gebiete:

- Organisation umfassender Abrüstung auf angemessene Niveaus, um die Menschheit von der Drohung eines nuklearen oder anderen Holocausts zu befreien.
- Organisation des gerechten, zunehmend gleichen Zugangs zur Nutzung der Ressourcen der Erde und Aufbau weltweiter Entscheidungssysteme auf diesem Gebiet. U.a. sind durch Besteuerung von Ressourcen die Vergeudung einzudämmen, die ihnen beigemessenen Werte und Tantiemen umzuverteilen und mit alledem Anfänge eines globalisierten Fiskalsystems zu schaffen.
- Aushandeln von flexiblen, offenen, aber geregelten ökonomischen Beziehungen zwischen den ungleich entwickelten Großregionen der Welt, so daß die technologische und finanzielle Monopolstellung der Zentren allmählich abgebaut wird. Das verlangt natürlich die Abwicklung der Institutionen, die zur Zeit den Weltmarkt steuern (sog. Weltbank, IWF, WTO usw.), und die Schaffung anderer Lenkungssysteme für die Weltwirtschaft.
- Organisation von Verhandlungen, um den dialektischen Konflikt von Globalem und Nationalem im Bereich von Kommunikation, Kultur und Politik kor-

rekt zu regeln. Diese Regelung verlangt, politische Institutionen zu bilden, die die Vertretung sozialer Interessen im Weltmaßstab erlauben. Solche Anfänge eines »Weltparlaments« müssen über das bisher geltende Konzept der zwischenstaatlichen Institutionen hinausgehen.

4. Mehr als offensichtlich ist, daß die Tendenzen der Welt von heute nicht im obigen Sinn verlaufen und daß es in den jetzigen Konflikten nicht um die Ziele des humanistischen Projekts geht. Ich finde das nicht erstaunlich und wäre überrascht, wenn es anders stünde. Der Zerfall des alten Globalisierungssystems hat nicht von selbst dessen Überwindung vorbereitet, er konnte zunächst nur im Chaos münden. Die herrschenden Kräfte installieren sich mit ihrer Aktion darin, sie wollen nur anderen die Decke wegziehen, um weiter kurzfristig Profit machen zu können; so verschlimmern sie noch das Chaos. Der Versuch, ihre Entscheidungen mit der platten Ideologie des »selbstregulierenden« Marktes, mit der Behauptung, es gebe keine Alternative, oder mit blankem Zynismus zu legitimieren, ist keine Lösung, sondern selbst Bestandteil des zu lösenden Problems. Auch die unmittelbaren Reaktionen der Völker auf ihre Schlechterstellung sind nicht unbedingt positiv; in der Verwirrung können illusorische Rückschrittsparolen von Fundamentalisten oder Chauvinisten erhebliche Kräfte mobilisieren. Sache der Linken, ihre historische Berufung ist es, in Theorie und Praxis die Bedingungen für die humanistische Antwort auf die Herausforderung herauszubilden. Sonst und bis dahin gehören regressive – und kriminelle – Involutionen zum Höchstwahrscheinlichen.

Die heutigen Schwierigkeiten des Europa-Projekts illustrieren gut, daß die Globalisierung durch den Markt ein Holzweg ist. Zwar hat man sich diese Schwierigkeiten in der ersten Begeisterung über das Projekt nicht vorgestellt, aber sie waren durchaus absehbar und wurden auch seit langem von denen vorhergesagt, die wie ich nie daran glaubten, daß der Gemeinsame Markt von selbst das einige Europa stiften werde. Wir sagten daher, daß ein derart ehrgeiziges Projekt nur von einer europäischen Linken getragen werden könne, die imstande wäre, die Markteinigung in ein fortschrittliches Sozial- und Kulturprojekt einzuordnen; sonst bliebe sie brüchig und beim ersten ernsten Zwischenfall kündigungsreif. Die europäischen Linken hätten also für jede Etappe der Marktintegration eine Doppelreihe von Maßnahmen durchsetzen müssen, um einesteils zu sichern, daß die Operation zum Vorteil der Arbeitenden ausgeht, deren soziale Macht stärkt und ihre Einheit festigt, und andererseits den Aufbau eines die Nationalstaaten übergreifenden politischen Systems zu beginnen, als der zur effizienten Lenkung des erweiterten Marktes nötigen politischen Form. Daraus wurde nichts. Das Europa-Projekt wurde, auf seine merkantile Dimension reduziert, von der Rechten getragen, während die Linken, je nachdem, früher oder später auf die Projektvorgabe einschwenkten, ohne ihre Bedingungen durchzusetzen. Das Ergebnis liegt vor: Die weltweite Konjunkturwende hat die Europa-Partner in die Position von Gegnern versetzt, die sich Abhilfen für die eigenen Schwierigkeiten (vor allem die Arbeitslosigkeit) nur zum Schaden der je anderen denken, aber sie mangels wirksamer Instrumente auch nicht realisieren können. Ohne Mittel, die Spontanlogiken des Marktes zu regulieren, sind sie immer stärker zu Zurücknahmen versucht. Sie zu vermeiden, ist der wohl ganz aufrichtig proklamierte Wille bedeutender Politiker beim deutschen und französischen Partner, Rechter wie Linker. Unter den gegebenen Bedingungen taugt das soviel wie Beschwörungsformeln.

Nun treten die Schwierigkeiten »Kleineuropas« (der EU) in eben dem Moment offen hervor, wo das große Europa der Herausforderung neue Dimensionen verleiht. Es gab die Gelegenheit, das Europa-Projekt insgesamt aus linker Sicht zu überdenken und den Aufbau eines ökonomisch und politisch großen («konföderierten«) Europas, das durch Wiederherstellung der Einheit der Kräfte der Arbeit auf der Linken verankert worden wäre, in Angriff zu nehmen. Man hat die Gelegenheit verstreichen lassen und im Gegenteil die Rechtskräfte unterstützt, die eilends aus dem Zusammenbruch des Sowjetsystems Profit schlagen und ihm ein System des wilden Kapitalismus folgen lassen wollten. Natürlich kann dieses Projekt der »Lateinamerikanisierung« Osteuropas die Chancen für ein anderes, nach links tendierendes Europa nur verschlechtern; außerdem kann es im Europa der 15 nur die Ungleichgewichte verstärken, und das zugunsten des einzigen Partners, der diese Evolution gewinnbringend kapitalisieren kann: des vereinigten Deutschlands.

Die Krise des Europa-Projekts bereitet der Konstruktion einer neuen Globalisierung eines ihrer Hauptprobleme. Freilich erscheinen nicht nur in Europa Rückwärtstendenzen als unangemessene, ja tragische Reaktionen auf das Erfordernis, das Weltsystem neu zu gestalten. In der ganzen alten Dritten Welt, besonders in den Regionen, die durch das Scheitern der alten Globalisierung marginalisiert wurden (islamische, arabische, afrikanische Zone), aber auch in der neuen Dritten Welt des Ostens (wie in der Ex-UdSSR und in Ex-Jugoslawien) haben selbstzerstörerische Rückwärtstendenzen die Oberhand, denn Antworten, die der Herausforderung gerecht würden, gibt es nicht einmal im Ansatz.

5. Wer als Analytiker Realist sein will, der bedenkt verschiedene Szenarios, die wegen der jetzigen Kräfteverteilung in den Konflikten möglich sind. Ich werde einige prüfen, um zu zeigen, daß diese Szenarios sämtlich unter dem Erfordernis des Aufbaus einer stabilen, annehmbaren Weltordnung bleiben und folglich nicht aus dem Chaos hinausführen.

Die Europafrage steht im Mittelpunkt der Vorstellungen von der Zukunft der Globalisierung. Da das Europa-Projekt ins Stocken gerät, ja sich aufzulösen droht, könnten die Kräfte, die zur Europa-Idee stehen, es für möglich und sinnvoll halten, auf das vermeintlich Zweitbeste zurückzugehen, d.h. auf das deutsche Europa. Auf deutsche Expansion im lateinamerikanisierten Osteuropa ausgehend (also der Tradition von Bismarck bis Hitler folgend), würde dieses Vorhaben die Beteiligung Frankreichs, Italiens und Spaniens nur insoweit zulassen, wie sie das Handeln Deutschlands nicht stört. Es gibt allen Anlaß anzunehmen, daß Britannien dann sein Schiff auf die amerikanische Küste zusteuert und auf Abstand von Kontinentaleuropa geht. Wir sind durchaus schon auf dieser Bahn, und es fand sich auch bereits eine Legitimation für diese Option, nämlich in der für nötig erachteten Priorität einer »unabhängigen Währungssteuerung«. Das technokratische Konzept geht über den politischen Sinn der Währungssteuerung hinweg – und selbstverständlich wird sie in diesem Modell der Europa-Konstruktion der Bundesbank überlassen! Ich glaube nicht, daß dieses Zerrbild des ursprünglichen Europa-Projekts wirklich stabil sein kann, denn auf die Dauer werden weder Rußland noch Frankreich die Erosion ihrer Positionen hinnehmen, die es einschließt.

Überdies würde das Szenario des deutschen Alleingangs bzw. des deutschen Europas die Vorrangfunktionen der USA nicht antasten. Offensichtlich könnte dieses Projekt nämlich in keinem der fünf Monopolbereiche, deren entscheidende Rolle ich genannt habe, gegen die amerikanischen Positionen ankommen. Das deutsche Europa kann nur im amerikanischen Kielwasser bleiben.

Von daher gerät man, mangels Alternative, schrittweise zum zweiten Szenario, einer Zweitauflage der amerikanischen Hegemonie. Das Szenario selbst gestattet viele Varianten. Die wahrscheinlichste brächte eine gewisse »Lastenteilung« mittels neo-imperialistischer Regionalisierung. Lateinamerika würde an den US-amerikanischen, Afrika an den deutsch-europäischen Karren geschirrt (bis auf Kleinigkeiten für Frankreich); die Ölregion am Golf aber und der »Gemeinsame Mittelost-Markt« wären weiter Domäne der USA, die durch die militärische Okkupation des Golfgebiets direkt und durch die israelische Allianz indirekt präsent blieben; und wie der Symmetrie halber würde Südostasien der japanischen Expansion überlassen werden. Aber diese Teilung hieße nicht auch Gleichstellung der drei Zentren; die USA behielten den Vorrang. Und ich glaube wiederum nicht, daß solche neo-imperialistischen Optionen Systemstabilität garantieren. Sie werden bald da, bald dort durch die Revolte Lateinamerikas, Afrikas und Asiens in Frage gestellt werden.

Zu beachten haben wir nun Asien, das sich weitgehend aus dem euro-amerikanischen Zwist heraushält. Oft wurde bemerkt, daß Asien jetzt in der globalen

Krise die Ausnahme sei. Unbestreitbare Erfolge in puncto Wachstum und Effizienz (an der Konkurrenzfähigkeit auf dem Weltmarkt gemessen) verzeichnen sowohl Japan wie das kommunistische China, Korea und, in geringerem Maß, einige Länder Südostasiens (Singapur, Thailand, Malaysia), ja selbst Indien. Von da bis zu dem Schluß, die nächste Hegemonie werde Asien zufallen, braucht es nur einen Schritt, der oft zu schnell getan wird. Denn »Asien« steht ja in diesem Pauschalkonzept für mehr als die Hälfte der Erdbewohner. Die teilt sich in unterschiedliche Nationen. Statt des verwaschenen Hegemoniekonzepts könnte man auf den Begriff bringen, daß Asien die Hauptregion der kapitalistischen Akkumulation wird. Zu klären bliebe dann noch, wie diese Akkumulation funktionieren, wie sie die verschiedenen Nationen der Region miteinander und mit dem Rest der Welt verknüpfen würde. Was man sich gewöhnlich zuerst vorstellt – die Domination des japanischen Imperialismus über die Region –, ist m.E. am wenigsten plausibel. Japans Verwundbarkeit bleibt ein Handicap, das die Bewunderer seiner rezenten Erfolge zu oft unterschätzen. Eben um sie zu verringern, hält sich Japan im Kielwasser der USA. Auch die Annahme, daß sich China und selbst Korea zu seinen Subalternen machen ließen, entbehrt jeder seriösen Grundlage. Unter diesen Bedingungen würde die Regulierung des innerasiatischen Gleichgewichts das Eingreifen anderer, regionsfremder Mächte erfordern, und abermals wären die USA Alleinkandidat für diese Rolle, die ihr Primat in der Weltarena fortdauern ließe.

Allerdings ist hochwahrscheinlich, daß die Länder Asiens ihre Position im Weltsystem festigen, so vor allem China. Wie werden die USA auf diese Evolution reagieren? M.E. wird sich die gesamte weltweite Bündnisstrategie der einen und der anderen um diese Frage drehen. Denn fast von selbst versteht sich, daß Chinas Entwicklung alle globalen Gleichgewichte in Frage stellen würde. Und deshalb wird man diese Entwicklung in den USA letztlich als »Bedrohung« empfinden. In künftigen großen Konflikten werden daher, meine ich, Amerikaner gegen Chinesen stehen. Wie verhält sich dann Europa in dem Konflikt? Das ist heute schwer zu sagen.

6. Nach allen Szenarios, die laufende Evolutionen als möglich absehen lassen, wird die »Nord-Süd«-Polarisierung auch in der Perspektive nicht in Frage gestellt. Die bestimmende Logik des kapitalistischen Systems konserviert die Polarisierung Zentren/Peripherien durch neue Wirkungsweisen; die Grundlage bieten künftig weiterhin die fünf Monopole, die im Mittelpunkt meiner Argumentation stehen.

Man wird einwenden, daß diese Sichtweise nicht viel Neues bietet, da die Polarisierung schon fast zur natürlichen Ordnung der Dinge rechnet. Ich lasse meine Betrachtungen nicht damit ausklingen, denn anders geworden ist in den letzten fünf Jahrzehnten gerade dies: Die Völker, die von der weltweiten kapitalistischen Expansion peripherisiert wurden, die sich auch lange in ihr Los zu fügen schienen, nehmen es seit etwa fünfzig Jahren nicht mehr hin und werden es in Zukunft immer weniger hinnehmen. Die positive Seite der Universalisierung, die der Kapitalismus eingeleitet hat, ohne über ihre verkürzte Version hinauskommen zu können, ist der Wurm in der Frucht. Das, was mit der russischen und der chinesischen Revolution angefangen hat, das Vorhaben nämlich, von den Revolten der Völker der Peripherien her über jenes System hinauszugehen, das wird in neuen Formen weiter laufen. Der letzte Grund für die Instabilität der »Weltsystem«-Konstruktionen liegt wesentlich hierin. Natürlich werden die Konflikte, die in den Vordergrund treten, künftig von unterschiedlicher Tragweite sein, so wie früher auch. Meiner Ansicht nach werden die Konflikte zwischen den Völkern Asiens und dem dominanten System einen bestimmenden Platz im kommenden Geschichtsablauf einnehmen. Das schließt nicht aus, daß die anderen an dieser allgemeinen Revolte gegen die Polarisierung teilnehmen, und ebensowenig, daß von den Zentren des Systems Vorstöße und Transformationen ausgehen können. Ich habe mich an anderer Stelle zu dieser Seite der Problematik der sozialistischen Transformation der Welt geäußert und komme hier nicht darauf zurück. Nicht ausgeschlossen wäre das dramatische Scheitern von Völkern, die sich einer universalistischen Perspektive verweigern. Auch das habe ich anderswo gesagt.

Das Projekt einer humanistischen Antwort auf die Herausforderung der Globalisierung, die mit der kapitalistischen Expansion aufkam, dieses extrem »idealistische« Projekt, wie es dem Leser dieses Textes erscheinen mag, ist also nicht »utopisch«. Es ist vielmehr insofern das einzig mögliche realistische Projekt, als eine in diesem Sinn einsetzende Evolution rasch so starke soziale Kräfte in allen Weltregionen zusammenführen müßte, daß sich seine Logik durchsetzen kann.

In diese Richtung zu gehen, heißt für mich, die Perspektive eines weltweiten Sozialismus zu erneuern. Die Bedingungen dafür zu schaffen, heißt zuerst, die ideologischen und politischen Kräfte zu reorganisieren, um wirksam die fünf Monopole zu bekämpfen, mit denen die kapitalistische Polarisierung reproduziert wird, und durch diesen Kampf zu erzwingen, daß die einseitige Anpassung, die der kapitalistischen Logik gehorcht, von einer »wechselseitigen Anpassung« abgelöst wird.

Für die ideologische und kulturelle Auseinandersetzung erfordert dieser Kampf die Wiederaufnahme von m.E. grundlegenden Debatten über: a) die Dialektik von Allgemeinem und Besonderem; b) das Verhältnis von politischer Demokratie und sozialem Fortschritt; c) die Dialektik der sog. ökonomischen Effizienz (und ihrer Ausdrucksmittel: des »Marktes«) und der Werte Gleichheit und Brüderlichkeit; d) die Bestimmung des weltweiten sozialistischen Ziels, dies in Anbetracht der vorgenannten Überlegungen.

Für die weltpolitische Auseinandersetzung heißt das Gebot, verstärkt wahrhaft demokratische Organisationsformen des internationalen Systems durchzusetzen, um die Wirtschaftsbeziehungen auf immer weniger ungleicher Basis umzugestalten. In diesem Rahmen müßte die Reorganisation des Globalsystems durch Bildung von Großregionen, in denen die jetzt wie parzellierten Peripherien zusammenfinden, größten Vorrang erhalten. Hierhin gehört die Bildung der lateinamerikanischen, der arabischen, der afrikanischen Region zu seiten Chinas und Indiens, der einzigen Länder der Erde, die so viele Einwohner haben wie ganze Kontinente. Diese Regionalisierung schließt andere nicht aus, so für Europa und die Ex-UdSSR. Das Erfordernis hat einen einfachen Grund: Die bewußten fünf Monopole sind nur in diesem Maßstab wirksam zu bekämpfen. Von da an würde die Bildung eines wirklich globalen Wirtschafts- und Finanzsystems, das seine eigenen Stufen hätte (national, regional, global), seinerseits möglich.

Selbstverständlich fängt die Transformation der Welt immer damit an, daß an ihrer Basis Kämpfe beginnen und sich entfalten. Wenn nicht damit begonnen wird, die ideologischen, politischen und sozialen Systeme in ihren nationalen Basen zu transformieren, wird der Diskurs über Globalisierung und Polarisierung zum Thema von Leichenbeschauern.

Globalisierung und Monetarisierung

Zur Definition der Herausforderung

1. Einige Hauptmerkmale der Herausforderung an die Gesellschaften unserer Epoche werden weitgehend übereinstimmend gesehen, so mindestens folgende vier Punkte:

- Ende der 70er Jahre begann eine lange Phase relativer Stagnation des Wirtschaftssystems (im Vergleich zur außerordentlichen Wachstumsphase nach dem Krieg). Ob man nun die Jetztzeit »B-Phase eines Kondratjewzyklus« oder anders nennt, einigt man sich doch über die Hauptsache: Die Raten des Wachstums und der Erweiterungsinvestitionen in die Produktionssysteme liegen für die letzten 25 Jahre weit niedriger als in den beiden Vorjahrzehnten. Mit dem anhaltenden Stagnieren des Systems verflogen die Illusionen, denen die Expansion in der vorigen Phase Vorschub geleistet hatte: der Glaube an Vollbeschäftigung und unbegrenztes Wachstum im Westen, an die Entwicklung im Süden, an rasches Aufholen durch den Sozialismus im Osten,
- Das Wirtschaftssystem der Jetztzeit ist weit mehr globalisiert als vor etwa 30 Jahren. Das heißt, die dominanten Wirtschaftsakteure, die multinationalen Großfirmen, sind imstande, ihre Eigenstrategien so zu entwickeln, daß sie sich weitgehend der politischen Bevormundung durch Nationalstaaten entziehen. Deren Ohnmacht, ob nun begrüßt oder beklagt, wird von allen konstatiert.
- Die finanziellen Anliegen bekamen schrittweise Vorrang vor dem Wirtschaftswachstum und der Erweiterung der Produktionssysteme. Für die einen fördert diese »Monetarisierung« des Kapitals Wucherer- und Rentiersverhalten, die der Wirtschafts- und Sozialentwicklung schaden; sie gilt dann als weitgehend schuld am Fortbestand der Stagnation und der hohen Arbeitslosigkeit, weil sie die Wirtschaftspolitiken in eine Deflationsspirale treibt. Für andere ist diese notwendig und positiv, weil sie den Strukturwandel der Produktionssysteme konditioniert und so eine neue Expansionsphase vorbereitet.
- Auf ideologisch-politischer Ebene sind schließlich die Grundkonzepte einer sozialistischen Alternative, die auf einem Ausscheren aus dem Weltsystem (der »Abkopplung«) fußt und sozial besser, aber ökonomisch mindestens ebenso effizient wäre, in Frage gestellt, ob man das nun beklagt und das Scheitern des

Versuchs nur auf fehlerhafte Realisierung zurückführt (ihre Grundprinzipien seien ja vernünftig), ob man das Unternehmen viel radikaler kritisiert und meint, daß seine strategischen Grundzüge jetzt nicht mehr den Erfordernissen der Zeit entsprechen, oder ob man sich über das Scheitern freut, weil es bestätige, daß jeder Versuch, aus dem Kapitalismus auszuscheren, utopisch sei.

Die drei ersten Merkmale der gegenwärtigen Krise sind gar nichts Neues. In der Geschichte des Kapitalismus fanden sich schon lange Stagnationsphasen, Zeiten verstärkter Monetarisierung und sogar die Globalisierung insofern, als sich außerhalb ihres Herkunftslandes tätige Vertreter des Wirtschaftslebens den Gesetzen der Staaten entzogen; nichts davon ist ohne Beispiel. Man wird im weiteren sehen, inwiefern diese Merkmale heute neue Züge zeigen. Dagegen ist das vierte Merkmal natürlich neu.

2. Wenn die hier grob skizzierten großen, charakteristischen Fakten der Jetztzeit übereinstimmend gesehen werden, so treten jedoch gewiß grundsätzliche Divergenzen auf, sobald es um die Analyse dieser Phänomene und die Aussichten geht, die sie eröffnen (oder verschließen). Diese Divergenzen scheiden nicht nur die Linke (die keynesianischen und anderen sozialreformistischen Strömungen sowie alle, die sich zum Marxismus bekennen) von der Rechten (definiert durch ihr Festhalten an den Grundsätzen der neoklassischen Ökonomie); sie ziehen sich auch ebenso durch die Linke wie durch die Rechte. Wie immer, wenn Evolutionen die Strukturen qualitativ transformieren und somit die grundlegenden Verhaltensweisen modifizieren, ist auch die Sozialtheorie herausgefordert, ist sie gezwungen, sich neu zu definieren und die Paradigmen zu überdenken, nach denen sie die Verhältnisse zwischen den ökonomischen Gesetzen (objektiv zwingender Natur) und der Gesamtbewegung der Gesellschaft erfaßte.

Das dominante vulgäre Sozialdenken ist insofern ökonomistisch, als es davon ausgeht, daß es ökonomische Gesetze gibt, die »unumgänglich« sind – um den Modeausdruck zu verwenden –, daß diese Gesetze das Funktionieren der Produktionssysteme, ihre Bewegung und ihren »Fortschritt« determinieren, daß sie u.a. verstärkte Interdependenz der nationalen Subsysteme im Weltmaßstab gebieten. Aber dieses Denken geht weiter: Da es (zu Recht oder zu Unrecht) diese ökonomischen Realitäten als Resultanten von Kräften auffaßt, die sich in der Geschichte durchsetzen, ob man es will oder nicht, ruft es dazu auf, sich ihnen zu fügen. Es heißt, die Staatspolitik müsse – oder müßte – sich den Strategien der Privatfirmen anpassen, der Logik ihrer grenzüberschreitenden Interessen gehorchen. So wird der Zwang zur Globalisierung heute von seinen Herolden dargestellt. Optimisten sagen dann, Politik und Soziales würden sich letztlich von selbst diesen Erfordernissen »anpassen«, und das sei zu ihrem besten; Pessimisten meinen, der Konflikt zwischen zwingender ökonomischer

Objektivität und der Autonomie von Politik und Sozialem (einschließlich Kultur, Ideologie und Religion) könne die Gesellschaft in die Sackgasse, sogar zur Selbstzerstörung führen.

Im rechten Sozialdenken war der Ökonomismus immer vorherrschend, zudem in der optimistischen Variante, worin sich das System selbst beweihräuchert. Soziale Mängel, ja Verheerungen gelten dabei bald als Folgen verweigerter Anpassung (»falsche Politik«), bald als Pannen unterwegs, die sich beheben lassen (nach der Philosophie des *trickle down*; das englische Wort ist perfekter Ausdruck dieses hergeholten Optimismus, der sich eine kritische Analyse des Systems spart).

Aber der Ökonomismus hatte auch immer seinen linken Flügel, bis hin zur ökonomistischen Lesart des Marxismus. Ich behaupte, daß deren bloße Existenz beweist, wie sehr, nach Marx, die Ideologie der herrschenden Klasse die gesellschaftlich herrschende Ideologie ist. Und ich habe, mit anderen, die ökonomistische Entfremdung, den Wesensinhalt der bürgerlichen Ideologie, auf eine objektive Realität bezogen: auf die Verselbständigung des ökonomischen Gesetzes gegenüber der allen früheren Systemen eigenen Einordnung in den politisch-ideologischen Rahmen. Die linksökonomistische Version – samt dem Vulgärmarxismus – ist jedoch immer reformistisch; d.h. sie verlangt zwar nicht, sich per Unterwerfung unter das kapitalistische Management den einseitigen Profiterfordernissen des Kapitals anzupassen, aber sie will die ökonomische Notwendigkeit (die Entwicklung der Produktivkräfte) in den Rahmen von Reformen fassen, auch von radikalen Reformen, die die gesellschaftlichen Verhältnisse und speziell die Eigentumsverhältnisse verändern, damit die Fortschritte der Produktivkräfte den arbeitenden Klassen dienen. Heute neigen diese Strömungen daher, im Einklang mit den herrschenden Auffassungen, zu der Idee, daß »die Globalisierung unumgänglich« sei. In der Debatte über die Europa-Konstruktion, den Liberalismus ohne Grenzen, stößt man natürlich wieder auf diese Grundfragen.

Dieser rasche Überblick über die Haltungen des Sozialdenkens läßt offensichtlich fragen, weshalb die Reaktion auf die Herausforderung der modernen Welt, auf das »Was tun?«, so unterschiedlich ausfällt – von der Unterwerfung unter die Anpassung via Reformdenken bis zur Verweigerung mit revolutionärem (im Sinn der Geschichte handeln wollen) oder reaktionärem Anspruch (die Geschichte zurückdrehen wollen).

3. Hier soll nicht die gesamte Skala des Sozialdenkens durchgegangen, sondern ein bescheideneres Ziel verfolgt werden. Ich trete nämlich gleich als Linker auf; d.h. ich halte den Kapitalismus weder für das Ende der Geschichte noch für fähig, seine spezifischen Widersprüche zu überwinden, deren Natur

ich noch präzisieren möchte. Deshalb versuche ich, eine Lektüre der betreffenden Herausforderung innerhalb dieses grundlegenden Paradigmas anzubieten. Ich halte mich dabei an eine Lesart des Marxismus, die ich zwar mit anderen teile, dies aber im Bewußtsein, daß sie gewiß nicht die einzige ist; ich will sie hier nicht einmal rechtfertigen. Sehr ernst nehme ich zugleich mehrere, m.E. entscheidende Beiträge aus Denkweisen, die nicht unbedingt nach der marxistischen Methode verfahren, ihr zuweilen folgen, zuweilen aber die Probleme anders stellen als im Marxismus. Darunter verstehe ich ganz besonders die Beiträge Karl Polanyis, Fernand Braudels und der Weltwirtschaftssystem-Richtung.

Marx, Polanyi, Braudel und die Frage nach der Natur des Kapitalismus

1. Die obigen Fragen seien zunächst unter Rückgriff auf die Beiträge der Analysen nach dem Weltwirtschafts-Paradigma diskutiert. Dazu kann ich mich kurz fassen, da weiter oben näher darauf eingegangen wurde.[1] Ich erinnere also nur an die zur weiteren Diskussion nötigen Schlußfolgerungen.

Erstens: Der Kapitalismus ist ein System, dessen *Spezifik* gegenüber den früheren Systemen gerade in der Dominanz der ökonomischen Instanz besteht. Das Wertgesetz bestimmt hier nicht nur das Wirtschaftsleben, sondern alle Seiten des sozialen Lebens (das ist der Sinn des Warenfetischismus).

Diese qualitative Umkehrung des Verhältnisses Ökonomie/Politik und Ideologie untersagt es m.E., Gesetze, die für die moderne Geschichte gültig wären, auf Zeiten vor dem Kapitalismus zurückzuprojizieren. Es gibt eine historische Diskontinuität, die solche Verallgemeinerungen verbietet. Die Macht gebot einst dem Reichtum, jetzt gebietet der Reichtum der Macht.

Zweitens: In vollendeter Gestalt erscheint der Kapitalismus mit der Herausbildung der Maschinerie im 19. Jahrhundert (moderne Industrie) als der Basis, auf der sich erst das spezifische Wertgesetz der kapitalistischen Produktionsweise entfalten kann. Daher bilden die drei Jahrhunderte, die dieser wahrhaften industriellen Revolution vorangehen, eine Transitionszeit, die zu Recht als merkantilistisch bezeichnet wurde.

Drittens: Das Wertgesetz muß auf der höchsten Abstraktionsstufe, jener der kapitalistischen Produktionsweise (die einen dreidimensional integrierten Markt verlangt: Waren-, Kapital- und Arbeitsmarkt), *und* auf der Abstraktionsstufe für

[1] Siehe das Kapitel »Kapitalismus und Weltsystem«.

das kapitalistische Globalsystem (das sich auf der Basis eines unvollständig, nur in seinen beiden ersten Dimensionen integrierten Marktes entfaltet) erfaßt werden. Die Unterscheidung zwischen den Begriffen »Wertgesetz« und »globalisiertes Wertgesetz« ist in meiner Analysemethode wesentlich, denn nur der letztere erklärt, weshalb der Kapitalismus als Globalsystem der Natur nach polarisierend ist. Diese moderne kapitalistische Polarisierung erscheint somit erst nach dem Einschnitt von 1800, als der Kapitalismus seine vollendete Gestalt erhält; sie nimmt dann sukzessive verschiedene historische Formen an, zuerst jene des Kontrasts zwischen industrialisierten Zentren und nicht industrialisierten Peripherien, später die (im Entstehen begriffene) Form des auf den »fünf Monopolen« der Zentren fußenden Kontrasts. Die Polarisierung Zentren/Peripherien ist weder gleichbedeutend mit dem Kontrast Metropolen/Kolonien noch auf jene Etappe beschränkt, die der Leninismus als Imperialismus bezeichnet (und über das Auftreten der Monopole in den Zentren definiert).

Viertens: Die Fragen nach der Geschichte des Kapitalismus, nach den Wechselfällen seiner merkantilistischen Transitionsphase (1500-1800), nach eventuellen früheren Wurzeln seiner Anfänge (vor 1500 in Europa und/oder anderswo), nach den Gründen, deretwegen er sich in Europa (und nicht früher oder zugleich anderswo) herauskristallisierte, nach den Phasen seiner Expansion ab 1800, müssen m.E. anhand der in den drei obigen Absätzen definierten Begriffe diskutiert werden. Diese methodologische Bemerkung betrifft sowohl die Diskussion der »langen Zyklen« als auch jene über die Abfolge der eventuellen Hegemonien und Rivalitäten und mithin der Formen und Inhalte der Ungleichheit[2] unter den von der allmählichen Expansion des Systems betroffenen Ländern und Regionen. Ich schlage hierzu vor, sich gründlicher mit der Abfolge der – wie ich sage – Akkumulationsphasen zu befassen und dabei die Spezifik jeder Phase zu betonen; es gilt also, nicht vorschnell zu generalisieren und allgemeine Gesetze finden zu wollen, die sich in Wiederholungen äußern würden (Zyklen im strengen Wortsinn). Diese Methode verlangt, die Debatte gleich auf ihr wirkliches Terrain zu verlagern, und dazu gehört die Analyse der Gliederung zwischen den von Braudel vorgeschlagenen Schichten (siehe weiter unten), d.h. das Nachzeichnen der widersprüchlichen Einheit von Ökonomischem und Politischem oder, mit anderen Worten, die Abkehr von der – bürgerlichen oder anderen – ökonomistischen Sicht, derzufolge das Ökonomische allein, nach seinen Eigengesetzen wirkt und das Politische sich ihm anpaßt oder es »widerspiegelt«. Schon der Begriff »globalisiertes Wertgesetz«, als von »Wertgesetz«

[2] Der Ausdruck ist weitläufiger als »Polarisierung«; letzterer soll nur für die Wirkungen des globalisierten Wertgesetzes gelten.

selbst unterschieden, schloß dieses ganzheitliche Erfassen des Kapitalismus ein, denn der verkürzte Charakter des globalen Marktes (gegenüber dem vollständigen Charakter der nationalen Märkte) integriert das Politische (die starken oder schwachen Staaten, Metropolen und Kolonien, gemäß ihrer sozialen Logik) und das Ökonomische. Für jede derart gekennzeichnete Akkumulationsphase müßte darauf ausgegangen werden, ihre Regulationsweise(n) im lokalen (nationalen) und globalen (weltweiten) Maßstab zu definieren. Die Analyse der Expansion, dann der Erschöpfung dieser sukzessiven Akkumulationsphasen, der Krise ihrer Regulationsweisen und der Kristallisation der Bedingungen für das Auftreten einer neuen Akkumulationsphase müßte daher erlauben, das Funktionieren der Rivalitäten (ökonomische Konkurrenzen, politische Suprematien) und eventueller Hegemonien (mir als Terminus suspekt, weil zu vage) genau einzuordnen und folglich im nachhinein zu begreifen, wie und warum sich der Gesamtkapitalismus in der realen Geschichte unaufhörlich konstruiert, dekonstruiert und rekonstruiert hat. Seine Flexibilität ist für mich gleichbedeutend mit dieser Geschichte. Die Theorie ist Geschichte. Die Theorie ist nicht Entdekkung von historischen Gesetzen, die der Geschichte selbst vorangehen. Diese Methode wendet sich offenkundig gegen die Versuchung zu vorschnellem Verallgemeinern, die sich in Thesen über Abfolgen von »Zyklen« (auch von »Hegemoniezyklen«) äußert und diesen einen Schein von Regelmäßigkeit verleiht, der nur zustande kommt, indem man der Dynamik der wirklichen Evolutionen Gewalt antut.

Fünftens: Die als »Weltsystem«-Richtung bekannte Strömung vertritt zum Glück nicht eine abgeschlossene Theorie der Kapitalismusgeschichte, die man entweder zu übernehmen oder ganz abzulehnen hätte. Die Grundelemente des Paradigmas, das ihre verschiedenen Thesen vereint, teile auch ich: zum einen die Betonung der Interdependenz auf globaler Ebene (entgegen den dominanten Ansichten vom Globalsystem als Nebeneinander nationaler Formationen), zum anderen die Betonung der Ganzheit des Kapitalismus (entgegen den dominanten Ansichten, die seine ökonomische Komponente privilegieren und die politische hintanstellen). Den beiden Grundlagen der Methode zuzustimmen, verlangt jedoch nicht, die in der Weltwirtschafts-Richtung verbreitete(n) Zyklentheorie(n) zu übernehmen. Kritische Argumente wurden weiter oben zur Genüge entwickelt.

2. Braudels Beitrag zu unserer Analysemethode für die Expansion des »historischen Kapitalismus« wird von allen anerkannt. Wie bekannt, definiert Braudel drei Schichten der sozialen Realität: i) an der Basis das Ensemble der elementaren Strukturen, die das »materielle Leben« im Alltag einfassen, insbesondere die Organisation der Arbeit und der Subsistenz in der Familie; ii)

auf der mittleren Stufe den »Markt«, d.h. das Ensemble der Strukturen, in denen der von der sozialen Arbeitsteilung bestimmte Austausch abläuft; iii) auf der oberen Stufe schließlich die Macht, d.h. ein »Anti-Markt«, wo die großen Räuber im Dschungel der lokalen und der Weltpolitik umgehen.

Die knappe Formel macht begreiflich, daß Braudel von vornherein den Ökonomismus ablehnt, der sich durch ausschließliche Fixierung auf die mittlere Stufe auszeichnet. Ebenso begreiflich wird, weshalb Braudel die gängige Gleichsetzung »Kapitalismus = Markt« ablehnt, diese Dominante des vulgären Denkens und speziell der jetzt herrschenden Mode. Für Braudel definiert dagegen gerade die Existenz der oberen Stufe die Spezifik des historischen Kapitalismus. Ihm zufolge ist die »Marktwirtschaft« (Arbeitsteilung und Austausch) weit früher da als der Kapitalismus, der erst auftaucht, als sich eben über dem Markt jener Anti-Markt (die wirkliche Macht) herausbildet, woraus die Geschichte dann ihrerseits die Kapitalismusgeschichte gestaltet.

Mit welchen Denkwerkzeugen könnte man versuchen, sowohl die Natur der für jede Schicht bestimmenden Strukturen als auch die Dialektik ihrer Beziehungen – in Konflikt und Komplementarität – zu präzisieren?

Die akademische Aufgabenteilung hat künstlich gesonderte Fachrichtungen für je eine der drei Schichten geschaffen. Ohne sehr zu übertreiben, kann man sagen, daß sich die Soziologen mit der Basis, die Ökonomen mit der mittleren Schicht, die Politologen und Historiker mit der oberen Schicht befassen. Im übrigen gingen auch vor Braudel alle großen Gesellschaftstheoretiker darauf aus, diese künstlichen Abgrenzungen zu überschreiten.

In den Welten, die dem Kapitalismus vorangingen, kannten die dominanten Ideologien[3] ihrer Natur nach solche Grenzen nicht. Ihr Diskurs wollte sowohl die Geschichte und die Natur erklären (z.B. per Schöpfungsmythen) als auch die Verhaltenskodizes für alle Gesellschaftsebenen formulieren, für die Familie wie für den Austausch und die Macht. Die religiösen Integrismen von heute erheben genau den Anspruch, diese Ordnung restaurieren zu wollen.

Für mein Teil behaupte ich, daß dieses Blatt endgültig gewendet ist, und zwar eben durch den Triumph des Kapitalismus, der die Metaphysik durch die ökonomistische Entfremdung ersetzt, damit die Trennung der drei Ebenen ausgelöst und zugleich die Verselbständigung und Dominanz des Ökonomischen begründet hat. Aus eben diesem Grund betrachte ich den Einschnitt von 1500 als eine qualitative Transformation des Systems. Die Philosophie der Aufklärung,

---

[3] Die tributären Ideologien, wie ich sie nenne, die sich auf die metaphysische Entfremdung gründen und generell in religiösen Formen auftreten (siehe S. Amin, *L'Eurocentrisme*).

der Ausdruck dieser neuen Weltanschauung, bildet den Sockel, auf dem sich die spätere selbständige »ökonomische Wissenschaft« konstituieren konnte. Aber die Philosophie der Aufklärung ist mehr als diese Ökonomik, sie geht darüber hinaus und meint zugleich, eine Wissenschaft der Gesellschaft zu bieten, von der Basis bis zu den Gipfeln der Macht.

Diese Philosophie der Aufklärung und die ökonomische Wissenschaft, deren Konstituierung sie angeregt hat, kommen zwar bis heute für den Hauptteil des dominanten Denkens auf, aber beide wurden nicht von allen Richtungen des sozialen Denkens akzeptiert. Das Marxsche Projekt, das von der Entdeckung (und Verurteilung) des Warenfetischismus ausging (und daher den Kapitalismus nicht als Ende der Geschichte ansehen konnte), ging darauf aus, einen historischen Materialismus zu konstruieren, dessen Name schon das Anliegen anzeigt, über das Ökonomische hinauszugehen und die Einheit der drei Ebenen, die später von Braudel beschrieben wurden, wiederherzustellen.

3. Nach dieser Bemerkung können wir die Bücher des *Kapitals* in den Aufbau dieses Projekts einordnen. Buch I redet im wesentlichen von der Basis – dem Warenfetischismus. Aber es faßt diesen nicht außerhalb des fundamentalen Produktionsverhältnisses, das den Kapitalismus definiert, sondern stellt ihn in den Mittelpunkt dieses Verhältnisses der Ausbeutung der Arbeit durch das Kapital (und der Zerstörung der Natur durch das Kapital, einer Seite, die Marx-Leser und erst recht jene, die ihn nicht kennen, weitgehend unterschätzt haben). Buch II bietet dann – und auf dieser Basis – die Analyse der Ökonomie des Systems, d.h. der Ökonomik der kapitalistischen Produktionsweise (des Wertgesetzes) auf der höchsten Abstraktionsstufe. Die Dynamik des Gleichgewichts der Produktionen der beiden Abteilungen, die die materiellen Konstituenten der Domination des Kapitals über die Arbeit bzw. die Elemente der materiellen Konsumtion erzeugen, welche die Reproduktion der Arbeitskraft erlauben, ist *der* Gegenstand von Buch II.

Aber das Marxsche Projekt hörte nicht dort auf. Jenseits dieser sozusagen »reinen« Ökonomik, dem Gegengewicht zu der anderen »reinen Ökonomie«, nämlich der auf die Philosophie der Aufklärung gründenden klassischen und später, nach Marx und in Erwiderung auf sein Projekt, der neoklassischen Ökonomie, die zu Recht vulgär genannt wird, weil sie die ökonomistische Entfremdung nicht hinterfragt, jenseits dessen also wollte Marx die Analyse auf die obere Stufe führen, die Braudel dann durch den Aufbau eines analytischen Apparats für die Macht und das Weltsystem definiert.

Das Marxsche Werk blieb unvollendet, und gewiß ist es auch unvollkommen, wie jedes Menschenwerk. Ich fasse meine Bemerkungen zu diesen Themen wie folgt in vier Punkten zusammen:

Erstens: In Buch I des *Kapitals* ist es Marx so ausschließlich daran gelegen, die Wurzeln der kapitalistischen Ausbeutung aufzudecken, daß er das System des Austauschs (der Produkte, aber auch den Verkauf der Arbeitskraft) von dem scheinbar außerhalb Liegenden trennt – vom System der Bedürfnisbefriedigung durch Subsistenzproduktion und vor allem vom System der Familienorganisation. Auf letzteres hat die feministische Kritik der Grenzen von Marx, eines Mannes des 19. Jahrhunderts, zu Recht hingewiesen. Im übrigen ist der historische Marxismus nicht, wie man zuweilen leichthin behauptet, hochfahrend über die Elementarstufe der sozialen Konstruktion hinweggegangen. Buch I des *Kapitals* darf nicht losgelöst von den philosophischen Schriften von Marx (die die Entfremdung betonen) und den späteren Marxisten (die z.T. versucht haben, das Projekt bis zum Einbau der Psychologie in die soziale Gesamtkonstruktion weiterzuführen) oder den Arbeiten, die unmittelbar von der Familie und den Männer-Frauen-Beziehungen handeln, gelesen werden. Was man auch immer von den Folgerungen halten mag, die Engels seinerzeit zog (im *Ursprung der Familie* und, mit ihr direkt verbunden, des Privateigentums und des Staates), so hat diese Initiative doch den Weg zu einer marxistischen Anthropologie gebahnt, die in der Folge ihre zwar partiellen und anfechtbaren, jedoch bedeutsamen Ergebnisse brachte. Ich halte es also für nicht erwiesen, daß eine historisch-materialistische Konstruktion, die die betreffende Elementarstufe besser integriert, nicht möglich ist. Ich sage sogar, daß die einschlägigen Ergebnisse der konventionellen Soziologie (samt Weber) noch partieller und anfechtbarer waren, wie sich auch absehen ließ, denn wegen des antimarxistischen Vorurteils wollte sie diese Stufe analysieren, ohne die Beziehungen zum Ökonomischen und zur Macht gehörig zu berücksichtigen. Aber ich sage nicht, wir verfügten über einen auf die historisch-materialistische Methode gegründeten Korpus von (wenigstens vorläufig) etablierten Thesen, der uns entweder befriedigen oder folgern lassen könnte, daß der historische Materialismus schon überholt sei. Man muß noch viele Arbeiten auf diesen Gebieten vorantreiben, ehe man die Potentiale des historischen Materialismus erschöpft hat.

Zweitens: Die Beziehungen Gesellschaft-Natur werden von Marx nicht ignoriert. Aber sie sind nicht systematisch genug, sondern nur »im Vorübergehen« behandelt, so namentlich im *Kapital* (wo die Anspielungen und Bezugnahmen auf die Zerstörung der natürlichen Grundlage für die Expansion des Kapitals nicht mangeln) und in den späteren Schriften des Marxismus. Auch da heißt es, weiter zu gehen, angespornt durch die ökologistische Herausforderung, selbst wenn die Analysen dieser Denkrichtung bisher nur Dürftiges beisteuern. Man muß aber auch eingestehen, daß der historische Marxismus faktisch diese spezielle Problematik ausgeblendet hat.

Drittens: Die Beziehungen zur Macht und damit die Integration der oberen Stufe (nach Braudel) in die Gesamtkonstruktion sind m.E. das bisher am wenigsten bekannte Gebiet. Ich habe das schon gesagt (siehe *L'Eurocentrisme*). Es gibt zwar bedeutende Ansätze dazu, so bei Marx und Engels (in ihren politischen Schriften), bei mehreren Marxisten (namentlich in den Imperialismustheorien bei Lenin, Bucharin u.a.) und bei Braudel (zur merkantilistischen Transition). Sie sind nicht zu übergehen.

Es bleibt m.E., daß grundlegende Fragen bis heute nicht beantwortet worden sind, so diejenigen nach den Entfremdungen im Bereich der Macht. Auch betreffs der modernen Epoche des Kapitalismus (merkantilistische Transition und vollendeter Kapitalismus) bilden die Fragen nach der Schnittstelle politische Macht – ökonomische und finanzielle Macht ein besonders schwach erörtertes Gebiet. Es gibt dazu natürlich große Thesen. Die antimarxistischen Thesen gehen allgemein von einer Quasi-Unabhängigkeit der politischen Instanz, bisweilen auch von ihrer Suprematie aus (zwangsläufiges Pendant des Ökonomismus). Ich werde sie nicht diskutieren.

Andere Thesen, ob marxistisch oder nicht, haben im Gegenteil das Politische auf die Widerspiegelung der Erfordernisse des Ökonomischen reduziert. Die These von der Domination des Staates und der Wirtschaft durch das Finanzkapital im Stadium der Monopole und des Imperialismus liegt in diesem Spektrum. Zwar wurden Varianten je nach der Spezifik der betreffenden Länder konstatiert, z.B. der bekannte Gegensatz zwischen der von Hilferding analysierten deutschen Form und der britischen Form, an die Hobson sich hielt, aber das schützte nicht immer vor unzulässigen Verallgemeinerungen (auch Lenin nicht).

WeitereThesen betreffen spezieller die Beziehungen zwischen Gewalten und »Hochfinanz« in merkantilistischen Zeiten. Die Arbeiten Braudels und seiner Nachfahren in der Weltwirtschafts-Schule (namentlich Giovanni Arrighis jüngstes Buch, The *Long XXth Century*) liefern ebenfalls theoretisch hochbedeutsame Ansätze auf diesem Gebiet. Ich komme noch auf diese Debatten zum Verhältnis zwischen der dominanten kapitalistischen ökonomischen Macht und der »territorialistischen« Dimension des Kapitalismus (der politischen Expansion) zurück, denn sie sind wesentlich für unser Thema, die Natur des Weltsystems. Aber ich mißtraue den zu allgemeinen Ansätzen der einen oder der anderen, so der leninistischen These vom Imperialismus zumal in ihrer späteren Vergröberung, oder der These vom zutiefst nicht territorialistischen Charakter der kapitalistischen Hegemonien (nach Braudel und Arrighi), denn ich glaube, daß das Wissen von den Schnittstellen Politik/Ökonomik noch sehr unsicher ist.

Viertens: Die Hauptschwäche des Marxschen Werkes und des anschließenden historischen Marxismus betrifft das Verhältnis kapitalistische Produktionsweise – kapitalistische Globalisierung. Nun berührt diese Schwäche direkt unser Thema und damit auch die stärkste Dimension der realen Herausforderungen an die Gesellschaften der modernen Welt. Das ist also die politische Hauptfrage.

Meine These hierzu ist (siehe *Itinéraire intellectuel*), daß Marx selbst und dann vor allem der historische Marxismus die Globalisierung in etwa mit der weltweiten Expansion der kapitalistischen Produktionsweise gleichgesetzt haben. Die Perspektive einer allmählichen Homogenisierung der Welt, die in dieser Reduktion steckt, würde ein korrektes Erfassen der Gründe dafür, daß die weltweite Expansion des Kapitalismus Polarisierung hervorruft, von vornherein ausschließen.

Diese Sichtweise hat Lenin nur partiell korrigiert; sein Irrtum zeigt sich an der These, die Revolution beginne an der Peripherie, werde sich aber rasch auf das Zentrum ausdehnen. Der Kontrast Zentrum/Peripherien konnte unter diesen Bedingungen nie mit all der theoretischen Kraft wahrgenommen werden, die jene Herausforderung verlangt; daher wurde er z.B. mit dem Kontrast Metropolen/Kolonien verwechselt oder darauf reduziert.

Diese Schwäche des historischen Marxismus mußte tragische Konsequenzen haben, darunter nicht zuletzt die, daß die russische Revolution in die Sackgasse geriet. Im übrigen teilt der historische Marxismus dieses grobe Versehen mit allen anderen (sozialdemokratischen, bürgerlich-demokratischen) politischen Strömungen der Linken, und er trifft sich hierin mit dem bürgerlichen Vulgärdenken, das die Ungleichheit immer nur als Ausdruck der »Rückständigkeit« zu behandeln wußte. Ich folgere demnach, daß der historische Marxismus und die Linke überhaupt schlecht dafür gerüstet sind, die Herausforderung der Globalisierung zu bestehen. Das ist ihre Achillesferse. Und das ist, wie man sehen wird, der Kern der derzeitigen Herausforderung an die modernen Gesellschaften.

4. Einige wichtige Beiträge führen das analytische Rüstzeug des Marxismus so weiter, daß sie die hier benannten Mängel des historischen Marxismus vielleicht korrigiert oder ihre Korrektur eingeleitet haben.

Der erste Rang gebührt hierin dem Beitrag Karl Polanyis (*The Great Transformation*, 1944), einem der wenigen Versuche, die weltweite Dimension des Kapitalismus ernsthaft zu berücksichtigen. Wie man weiß, geht Polanyis These davon aus, daß der Markt eben *nicht* selbstregulierend sein kann. Damit greift sie den – heute mehr denn je triumphierenden – bürgerlichen Ökonomismus von der Grundlage her an. Polanyi zeigt, daß die »Vermarktung« der Arbeitskraft, der Natur und des Geldes nur Chaos und sozial Unerträgliches stiften kann. Das Kapital jagt dieser Utopie nach, sobald es die politische Lage ihm erlaubt; aber aus dem genannten Grund hat es sie noch nie auf Dauer durchsetzen können.[4]

Die drei von Polanyi aufgegriffenen Themen finden sich bereits bei Marx, insbesondere die Entfremdung der Arbeit, auf die ich nicht eingehe. Zum Thema der Natur arbeitet Polanyi ausdrücklich das heraus, was bei Marx (und erst recht im historischen Marxismus) nicht systematisch genug entwickelt war. Der Geldfrage waren dagegen lange Entwicklungen in Buch III gewidmet, so zum Kredit, zu den Krisen und zum internationalen Austausch, und mit diesen Analysen hatte Marx eine Problemstellung zum Verhältnis Geld/Macht und eine Reflexion zum Geldfetischismus geboten.

Auf letzterem Gebiet war Marx sehr weit gegangen. Er hatte gezeigt, wie sich der Geldzyklus scheinbar vom nötigen Durchgang durch die Produktion »befreien« konnte. Dazu hatte er den produktiven Zyklus G-W-G', in dem das Geldkapital vorübergehend in der kapitalistischen Produktion – d.h. in der Ausbeutung der mehrwertschaffenden Arbeit – festliegt, dem Geldverleiher- oder Rentierszyklus G-G' gegenübergestellt, als dem Ausdruck der höchsten Form des Geldfetischismus. Auf diesen Punkt ist noch zurückzukommen; er ist m.E. wesentlich für die Analyse der Natur der jetzigen Krise und ihres Managements.

Zum Verhältnis Geld/Macht liefert Marx auch das begriffliche Rüstzeug, mit dem sich fassen läßt, wie das Geld, das Symbol einer Kaufkraft, zum Machtsymbol schlechthin wird. Das Geld ist somit nicht als beliebige Ware zu behandeln, wie es der vulgäre Ökonomismus in seinen erbärmlichsten und jetzt dominanten Formen (sog. monetaristische Schule, gängige Liberalismus-Auffassung usw.) will.[5]

Polanyi bietet hierzu ein meisterhaftes Bild vom Weg der liberalen Utopie seit dem ausgehenden 19. Jahrhundert bis hin zur Katastrophe, in die sie schließlich führte: Faschismus und Zweiter Weltkrieg. Er verknüpft dabei die nationalen Dimensionen des destruktiven (und nicht selbstregulierenden) Funktionierens des Arbeits-, des Grundstücks- und des Geldmarktes mit ihrer weltweiten Dimension. Mit seiner Skizze der Gegenpositionen, welche die Gesellschaften am Ende des Desasters bezogen, lieferte uns Polanyi die Mittel zum Verständnis des Wachstumswunders der Nachkriegszeit: Funktionieren konnte es dank

---

[4] Siehe dazu meine Äußerungen in *La gestion capitaliste de la crise*.

[5] Ich habe deshalb selbst versucht, eine Analyse des Geld-Macht-Verhältnisses vorzuschlagen, worin die notwendige Steuerung von Geld und Kredit durch den Staat als kollektiven, die auf dem Markt wirkenden Konflikte übergreifenden Kapitalisten betont wird. In diesem Rahmen habe ich die Funktionen dieser Steuerung in der Regulierung durch die Konkurrenz im 19. Jahrhundert, in der monopolistisch-fordistischen Regulierung des 20. Jahrhunderts und einer Regulierung in der weltweiten Dimension erläutert (siehe *Itinéraire intellectuel*).

der Einschränkungen für die Vermarktung der Arbeit, die der sozialdemokratische historische Kompromiß von Kapital und Arbeit brachte, sowie dank der Regulierung des Geldes durch die Staaten auf nationaler und die Bretton-Woods-Institutionen auf internationaler Ebene.[6] Freilich hatte der Erfolg dieses Nachkriegsmodells im Maßstab der Nationen wie des Weltsystems seine Grenzen, u.a. deswegen, weil trotz der Alarmsignale Polanyis nichts getan wurde, um den Verheerungen durch die Vermarktung der Natur Grenzen zu setzen. Kein Zufall also, daß gegen Ende der Periode das Umweltproblem losging wie eine Zeitzünderbombe. Man hätte darauf gefaßt sein können.

Mit dem Zusammenbruch ihrer drei Stützpfeiler ist diese Expansionsphase der Nachkriegszeit heute erschöpft. Daß die Andrehkurbel zur liberalen Utopie zurückgeschlagen hat, daß die dreifache Vermarktung ungehindert weltweit operiert, daß man diese Politiken mit der »Selbstregelungskraft des Marktes« legitimieren will, sollte daher nicht überraschen. Aber diese Utopie kann selbst keine neue Expansionsphase des Kapitalismus definieren, sie ist nur sein Krisenmanagement,[7] worauf noch zurückzukommen ist. Leider sind, wie schon gesagt, die Linke und der historische Marxismus ungenügend für die Herausforderung gerüstet, zumal die Sklerose des dogmatischen Marxismus uns in der Nachkriegszeit die Mittel zum wirklichen Verständnis der Mechanismen, der Widersprüche und der Schranken der drei Modelle (sozialdemokratisch; sowjetisch; nationalistisch in der Dritten Welt) genommen und die seriöse Analyse durch einen vereinfachenden, manipulierten ideologischen Diskurs ersetzt hat.

Damit komme ich zu Braudel und seinem Beitrag, der sich vielleicht anhand der obigen Bemerkungen zum Marxismus einschätzen läßt.

Ganz gewiß ist das prächtige Werk Braudels immer eine lohnende Lektüre. Ich lese kaum etwas so gern wie die genaue Beschreibung des »materiellen Lebens«, also der Grundschicht der sozialen Konstruktion. Es bleibt, daß Braudels großartige Darstellung die Systeme des materiellen Lebens nicht in Beziehung zu jenen Systemen setzt, welche die höheren Stufen der sozialen Organisation bestimmen. Vielleicht hat Braudel im Bestreben, sich nicht vom Marxismus umarmen zu lassen, die Begriffe der Reproduktionsverhältnisse und die Entfremdungstheorie absichtlich gemieden. Zu seinen Gunsten kann man

---

[6] Meinerseits habe ich eine Lesart dieser Nachkriegszeit von ihrem Ende her vorgeschlagen; sie ergänzt den 40 Jahre zuvor, am Vorabend jener Periode verfaßten Ansatz Polanyis, indem sie die von mir so genannten drei Pfeiler des Weltsystems (den sozialdemokratischen historischen Kompromiß, den Sowjetismus, das bürgerlich-nationale Bandung-Projekt) in diesen Rahmen stellt. Diese Lesart ist also der Methode Polanyis verpflichtet.

[7] Das besagt mein rezenter Titel: *La gestion capitaliste de la crise*.

anführen, daß seine Arbeiten die merkantilistische Periode betreffen, in der das spezifische Ausbeutungsverhältnis des vollendeten Kapitalismus noch nicht ausgebildet war.

Auch die Analyse der Eigenarten der mittleren Schicht (des Austauschs) fördert eher das Verständnis der merkantilistischen Transition, die Braudel speziell bearbeitet, als das Begreifen des Industriekapitalismus. Es genügt weitgehend, das System als Austauschsystem zu analysieren, solange – wie im Zeitraum 1500-1800 (oder 1350-1800) – das Kaufmannskapital und die damit verbundenen Ausbeutungsformen der Handwerks- und Manufakturarbeit dominieren. Ich halte jedoch dafür, daß diese Analyse für die historische Folgezeit nicht ausreicht. Der Austauschbereich bekommt nämlich ab 1800 nicht nur ganz andere Ausmaße als vor der industriellen Revolution (der Austausch konnte vorher nur einen begrenzten Teil der Produktion und der Arbeitskraft berühren). Vor allem wird er nunmehr von der Dominanz des Industriekapitals und der Unterordnung des Kaufmannskapitals betroffen. Kein Zufall also, daß Braudel das Wertgesetz außer acht läßt; aber diese Schwäche findet sich dann leider nach ihm auch bei vielen Autoren der Weltsystem-Schule.[8] Kein Zufall also auch, daß diese Autoren den Begriff der industriellen Revolution systematisch geringschätzen. Die Frage ist hier m.E. nicht, ob diese Revolution so rasch ablief, wie manchmal behauptet wurde, ob sie von »inneren Faktoren« bewirkt wurde oder ob die Asymmetrie der vom Kontrast Zentren/Peripherien in der merkantilistischen Etappe bestimmten Positionen die Veränderung vorangetrieben hat (Streitpunkte, die an sich interessant und bedenkenswert sind). Zu fragen ist ganz einfach, ob die neue Industrie einen Qualitätssprung im grundlegenden Systemaufbau darstellt. Überzeugt, daß dem so ist, ziehe ich daraus zwei m.E. bedeutsame Folgerungen. Die erste: Das System Zentren/Peripherien des vollendeten Kapitalismus (nach 1800) ist seiner Natur nach anders als dasjenige der merkantilistischen Transition. Die zweite: Betrachtet man diese mittlere Stufe nach 1800 als »Austauschsystem«, so wird die Analyse verflacht, verarmt und – ob man will oder nicht – auf die herkömmliche bürgerliche Sichtweise der »Welt als Markt« reduziert.

Der große Beitrag Braudels zum Verständnis dessen, was der Kapitalismus ist, liegt demnach in der Betonung der dritten Wirklichkeitsstufe: des »Anti-Marktes« (der Macht). Daß es sie überhaupt als solche gibt, ist für das dominant-ökonomistische Sozialdenken ausgeschlossen; es weigert sich, ihre ent-

---

[8] Selbst Arrighi ignoriert in seinem jüngsten superben Buch sowohl das Wertgesetz überhaupt als auch das globalisierte Wertgesetz.

scheidende Rolle in der Definition des Kapitalismus zu beachten. Zwar vergißt niemand, der bei Verstand ist, daß Staat und Politik existieren. Aber »die Welt als Markt« impliziert ein Konzept vom Staat, das ganz anders aussieht als seine realgeschichtliche Existenz. Ich bin auf diesem Gebiet Walras nachgegangen, dem reinsten Ökonomisten, der ernsthaft die Welt wie einen Markt konstruieren wollte.[9] Walras zeigt dabei, daß sich das Marktgesetz nur dann als optimal wirkende selbstregulierende Kraft durchsetzen kann, wenn das Privateigentum abgeschafft worden ist und statt seiner der Staat das Kapital systematisch zur Disposition stellt. Diese Perspektive eines »Kapitalismus ohne Kapitalisten«, die höchste Form der ökonomistischen Entfremdung, war nach meiner Sicht auf die Sowjetgeschichte der Leitstern jener Strategie, die zu Unrecht »Aufbau des Sozialismus« hieß. In dieser Perspektive wäre der Weltsozialismus dann auch ein in allen Dimensionen perfekt integrierter Weltmarkt, und statt der abgeschafften Staaten würde ein Weltstaat diesen perfekten Markt verwalten. Natürlich sind diese Vision und dieses Programm nicht nur vollkommen utopisch im banalen Wortsinn; sie setzen sich auch stolz über Wirklichkeit und Entfremdungstheorie hinweg. Weder Marx noch Braudel fassen das Verhältnis Wirtschaft/Macht so auf.

Man kann also wieder auf Braudel kommen, der uns die Entstehung der kapitalistischen Macht sehr einleuchtend nicht als Spontanproduktion des Marktes, sondern als außer- und oberhalb seiner Zwänge ablaufendes Geschehen erklärt. Braudel bezeichnet die qualitative Transformation, die Europa am Ende des Mittelalters durchläuft, als Übergang von einer verstreuten, zersplitterten Macht zu einer konzentrierten Macht. Deren Modelle sind nacheinander die italienischen Städte, die Vereinigten Provinzen im 17. Jahrhundert und England ab 1688. Diese Transformation, nicht aber der längst schon bestehende Warenaustausch, zeigt das Erscheinen des Kapitalismus an und definiert ihn.[10] In Europa fällt die Konzentration der Macht nämlich damit zusammen, daß sie einen kapitalistischen Inhalt annimmt; anderswo geht sie diesem voraus. Die italienischen Städte und die Vereinigten Provinzen, von veritablen Vorständen ihrer großen

---

[9] Siehe *Itinéraire intellectuel*.

[10] Diese These stimmt sichtlich mit meiner Ansicht überein (siehe *L'Eurocentrisme*): Ich sehe die Spezifik der europäisch-feudalen Form der Tributordnung in jener Zersplitterung der Macht, im Gegensatz zu der konzentrierten Form, die anderswo für die Tributordnungen charakteristisch ist (z.B. in China), und definiere anhand dieses Unterschieds den Kontrast periphere Formen/zentrale Formen der Tributordnungen. In diesem Kontrast sehe ich die Gründe für den Erfolg des raschen Übergangs zum Kapitalismus im peripher-tributären Europa, im Gegensatz zu den sukzessiven Fehlschlägen vergleichbarer Evolutionen an anderen Stellen (in den zentralen Tributärformen).

Unternehmen regiert, dann die merkantilistischen Staaten (insbesondere England und Frankreich) haben anderenorts nicht ihresgleichen. Herausbildung und Triumph des Kapitalismus sind also nicht Produkt einer linearen Evolution der Expansion der Märkte, sondern Ergebnis einer Interaktion zwischen jener und spezifischen, der peripheren Form der Tributordnung in Europa eignenden inneren Faktoren. In diesem Sinn erscheint die merkantilistische Transition (1500-1800) sehr wohl *a posteriori* als Transition zum vollendeten Kapitalismus und kann daher ihrerseits als kapitalistisch bezeichnet werden. Ich stimme hier mit dem Standpunkt der Weltsystem-Richtung überein, die die gesamte moderne Geschichte seit 1500 als kapitalistisch qualifiziert. Diese Übereinstimmung schließt nicht ein, daß die Bedeutung der qualitativen Transformation, die um 1800 mit der modernen Industrie einsetzt, auszublenden wäre.

Streitpunkte der Globalisierung in der Geschichte: Imperien, Hegemonien, Monetarisierung

1. Die im vorigen Abschnitt vorgenommene Diskussion des verfügbaren Begriffsinstrumentariums müßte die zentrale Frage klären helfen: Was ist die Globalisierung? Welches sind dabei die Streitpunkte? Welchen Herausforderungen haben die Gesellschaften ihretwegen zu begegnen? Mindestens müßte jene Diskussion präzisieren lassen: a) den (wie immer relativen und vorläufigen) Besitzstand an Thesen zum Thema; b) die Fragen, die praktisch noch ohne überzeugende Antwort sind, so daß dazu die widersprüchlichsten Hypothesen vorgebracht werden (Hypothesen eben, und nicht Thesen, deren paradigmatische und begriffliche Grundlage hinreicht, um von den Fakten Rechenschaft abzulegen).

Der Ausdruck Globalisierung wird, wie das oft in den Sozialwissenschaften vorkommt, in sehr unterschiedlichem Wortsinn gebraucht. Je nach Standpunkt wird man also unter Globalisierung die Herausbildung eines weltweiten Waren- und Kapitalmarktes, den universellen Charakter der wettbewerbsfähigen Technologien, das Fortschreiten zu einem weltweiten Produktionssystem, das politische Gewicht des Weltsystems im Wettstreit um globale oder regionale Hegemonien, den kulturellen Aspekt der Universalisierung usw. verstehen. Man hat demnach mehr oder minder umfassende, mehr oder minder anspruchsvolle Definitionen. Mit den jeweils übernommenen Begriffsbestimmungen variieren dann die Theorien von der mehr oder minder zwingenden Natur der in Rede stehenden Globalisierung, von ihrer Stabilität (oder Instabilität), von ihrem stetigen oder ruckweisen Fortschreiten und von ihren etwaigen Phasen.

Die Deregulierung ist indessen eine willentliche, bewußt gehandhabte Politik, keineswegs ein sich von selbst aufdrängender naturwüchsiger Fakt; sie gestattet den Großunternehmen durch das Wegtreten des Staates, ihre Strategien ohne die Einschränkungen zu realisieren, die seine Politiken bereiten könnten. Die Fakten zeigen jedoch, daß diese unabhängigen Strategien der Privatfirmen nicht ein zusammenhängendes Ensemble bilden, das die Stabilität einer neuen Ordnung garantieren würde. Sie schaffen vielmehr ein Chaos und offenbaren damit die Verletzlichkeit dieser Globalisierung, die deswegen wahrscheinlich wieder in Frage gestellt werden wird.

Im weitesten Wortsinn bedeutet Globalisierung das Bestehen von Beziehungen zwischen den verschiedenen Weltregionen und daher die wechselseitige Beeinflussung ihrer Gesellschaften. In diesem Sinn habe ich ein deskriptives Schema für das »alte Weltsystem« vorgeschlagen. Es gilt für die Tribut-Epoche – von 500-300 v. Chr. bis 1500 – und setzt die drei großen Zentren dieser beiden Jahrtausende (China, Indien, Mittlerer Osten) sowie die Peripherien (Europa, Afrika, Südostasien, Korea, Japan) ins Verhältnis. Die spezifischen Begriffe für Zentren und Peripherien dieser vorkapitalistischen Vergangenheit werden dabei so bestimmt, daß sie auf den dominanten Bereich der Machtorganisation bezogen sind und nicht auf den ökonomischen Bereich wie im Kapitalismus (die Rückprojektion von Kapitalismus-spezifischen Begriffen, die bei manchen Weltsystem-Theoretikern leider oft zu finden ist, wird so vermieden). Aus meiner Analyse dieses alten Systems ergab sich eine Folgerung, die hier wichtig wird: Jenes System war nicht der Natur nach polarisierend, es begünstigte vielmehr das »Aufholen« (von historischen Rückständen), so auch für Europa, das in historisch kurzer Zeit (durch den Übergang vom Feudalismus zu den absoluten Monarchien) von peripheren Positionen zur Stellung eines neuen, in Transition zum Kapitalismus begriffenen Zentrums aufrückte, deswegen aber auch erstmals in der Geschichte zu *dem* Zentrum (Singular!) im Weltmaßstab wurde.

Arrighi illustriert diesen nicht polarisierenden Charakter des alten Systems mit seiner Analyse des scheinbar seltsamen Verhaltens, das China in der Ming-Zeit vorweist: Es könnte die Seeherrschaft ausüben, doch es verzichtet darauf. China ist zu jener Zeit weiter fortgeschritten als Europa, hat diesem also nichts abzukaufen und sorgt sich daher nicht um die Kontrolle seines Seewegs nach dem Okzident. Es überläßt es somit den Europäern – Portugiesen und Holländern, dann Engländern und Franzosen –, den Seeweg nach Osten unter ihre Kontrolle zu bringen, was ihnen wiederum hilft, ihren Rückstand aufzuholen.

Das merkantilistische System, das die Europäer einrichten, ist qualitativ neu- und andersartig. Es setzt ein mit der Eroberung und dem Zurichten Amerikas als Peripherie neuen Typs, die der dominanten Logik der Kapitalakkumulation unterworfen wird. Das neue merkantilistische Weltsystem entsteht auf den Trümmern des alten Systems, das es methodisch zerstört. Die Austauschflüsse werden zugunsten des im Aufbau begriffenen europäischen Zentrums reorganisiert. In diesem Sinn steht 1500 offenkundig für eine bedeutsame historische Wende. Im nachhinein, unter unserem modernen Gesichtswinkel, erscheint die merkantilistische Periode (1500-1800) dann als Transition zum Kapitalismus, sofern man dessen vollendete Form von dem Moment an rechnet, in dem sich die moderne Industrie konstituiert, in dem das Industriekapital dem vorangehenden Kaufmannskapital die Logik der eigenen Kapitalakkumulation aufzwingt. Wenn das so war, dann natürlich deswegen, weil sich die vom Merkantilismus geschaffenen Globalisierungsformen in besonderer Weise mit inneren Faktoren der Transformation in der Eigenart Europas[11] verbanden, die anders war als in den vollendeten tributären Hegemonien. Wieder in diesem Sinn steht dann 1800 für eine zweite bedeutsame historische Wende. Jedenfalls beruht das Merkantilsystem, entgegen dem seiner Natur nach nicht polarisierenden tributären Weltsystem, auf der Konstruktion einer neuartigen Polarisierung.

Ihre vollendete Gestalt erhält diese ab 1800, im Rahmen des Weltsystems des vollendeten (industriellen) Kapitalismus. Um 1800 waren, wie Paul Bairoch nachgewiesen hat, die Unterschiede im Entwicklungsstand der wichtigsten Großregionen der Welt noch wenig ausgeprägt. Die Scheren öffneten sich während der anderthalb Jahrhunderte von 1800 bis 1950 infolge der neuen kapitalistischen Polarisierung. Dabei war der Gegensatz Zentren/Peripherien vorerst gleichbedeutend mit dem Kontrast Industrieländer/nicht in die industrielle Revolution eingetretene Länder, der sogar unüberwindbar schien. Diese neue und, wie die Geschichte bewies, polarisierende Globalisierung läßt sich gewiß nicht auf ein einfaches, für diese ganze lange Periode und alle betroffenen Regionen paßgerechtes Allerweltsschema bringen. Die verschiedenen Funktionen der unterschiedlichen Peripherien (immer im Plural!), die Dialektik äußere Zwänge/innere Antworten, die Eigenstrategien der in ungleicher Konkurrenz stehenden Metropolen, die Phasen der Kapitalismusentwicklung im Zentrum selbst (namentlich der Übergang von der Konkurrenz zu den Oligopolen um 1880), die Evolution der Regulierungssysteme der Akkumulation (Regulierung durch Konkurrenz; Regulierung entsprechend dem historischen Kompromiß Kapital-Arbeit mit Wirtschaftslenkung nach Keynes, usw.) in den Zentren und im Weltmaßstab, dies alles ruft danach, in der langen Periode 1800-1950 distinkte Phasen

[11] Ich habe vorgeschlagen, sie als bürgerliche Hegemonie im Rahmen der Machtorganisation der absoluten Monarchien zu analysieren.

auszumachen und Zentren-Peripherien-Modelle mit signifikanten Eigenarten herauszufinden. Aber jenseits aller dieser Spezifiken mußte das Gesetz der Akkumulation im Weltmaßstab,[12] seiner Eigendynamik zufolge, die Polarisierung hervorrufen. Den polarisierenden Charakter dieses Gesetzes habe ich darauf zurückgeführt, daß es auf einem zweidimensionalen Markt wirkt (tendenziell global integrierter Waren- und Kapitalmarkt), der gegenüber dem dreidimensional integrierten (auch den Markt der Arbeitskraft einschließenden) Markt, wie er den historischen bürgerlichen Nationalkonstruktionen eignet und die Grundlage des Wertgesetzes bildet, verkürzt ist.

Ich verweile hier nicht bei diesem Punkt, der in meiner Analyse zentral ist, und verweise auch für die Fragen der Globalisierung nach dem Zweiten Weltkrieg und ihrer gegenwärtigen Perspektiven auf den nächsten Abschnitt. Hier geht es jetzt um Fragen zur Interpretation der »modernen« Globalisierung im Merkantil- und im Industriezeitalter: um Zyklen, Hegemonien, etwaigen Territorialismus im Kontext der kapitalistischen Expansion, um die »Monetarisierung« des Kapitals.

2. Zur Frage der »Zyklen« habe ich weiter oben ausführlich genug Stellung genommen; hier sei nur gesagt: In der Geschichte gibt es große Wendezeitpunkte (für mich z.B. 1500 und 1800); zwischen diesen Wenden liegen andere Daten, an denen sich besondere Unterphasen festmachen lassen (für mich z.B. 1880 und 1920, auch 1945 oder 1950 und 1980 oder 1990, vielleicht mit dem anderen Status großer Zäsuren). Aber das verlangt keineswegs, sich einer Theorie des langen Zyklus anzuschließen oder gar »Wiederholungen« über jede der definierten großen Phasen hinweg zu suchen, um eine Geschichtsphilosophie anzubieten, worin die Wiederholung – wenn auch mit aufsteigender Tendenz – wichtiger wird als das Erkennen der qualitativen Transformationen. Das Rückprojizieren – etwa des Neuartigen am Industriekapitalismus (der inneren Tendenz zur Überproduktion und der Krisen, in denen sie hervortritt) auf die vorangehende merkantilistische Periode, oder des Neuartigen am Kapitalismus (Hegemonie des Marktes und des Ökonomismus) auf frühere, tributäre, von anderen Organisationsgesetzen des Verhältnisses Macht/Wirtschaft regierte Perioden – erschien mir immer als Entgleisung, die die wirkliche Geschichte verflacht. Man braucht das nicht, um die Weltsystem-Idee anzuerkennen. Statt solchen zyklustheoretischen Ansätzen zu folgen, hielt ich es für ergiebiger, die Analysen auf das Erkennen von »Akkumulationsphasen« auszurichten. So las-

[12] M.E. als globalisiertes Wertgesetz anzusprechen, um speziell das Funktionieren des Wertgesetzes im Maßstab des Globalsystems zu kennzeichnen.

sen sich sowohl die Spezifiken der Ökonomik jeder Phase respektieren (kein Zusammenwerfen von Marktverhältnissen und dem Industriekapitalismus eignenden Verhältnissen) als auch die jeweilige Ökonomik mit der Politik verknüpfen (Wirkungsweise der Macht, soziale Hegemonieblöcke usw.). Auf diese wesentliche Beziehung ist zurückzukommen.

3. Ich verweile auch nicht bei der Frage der Hegemonien und bei der Theorie der sukzessiven Hegemonien (italienische Städte, Niederlande, Britannien, USA), die manche vertreten. Ich hege weiter Vorbehalte gegen die Methodologie dieser Theorien. Die Hegemonie erscheint mir als Ausnahme, nicht als Regel in der Geschichte. Von einer Hegemonie der italienischen Städte oder der Niederlande zu reden, heißt m.E. – bei allem Glanz der betreffenden Gesellschaften – den Ausdruck in zu vagem Sinn zu gebrauchen: Unberücksichtigt bleiben die Realitäten, die die Eingliederung dieser Länder in die (regionalen und z.T. weltweiten) Systeme ihrer Zeit bestimmten. Die britische Hegemonie wiederum, die ich nicht vor der industriellen Revolution sehe, entfaltet sich dank des ausnahmsweisen Zusammentreffens des Monopols an der neuen Industrietechnologie (das in der zweiten Hälfte des 19. Jahrhunderts erodiert), der Finanzmacht Londons (die bis 1930 fortdauert) und eines riesigen Kolonialimperiums, des einzigen vielleicht, das diesen Namen verdient, mit Ausbeutungskolonien (Indien) und mit Siedlerkolonien aus Zeiten vor oder nach der betreffenden Periode (darunter nicht zuletzt die Keimzellen der USA, die später für die außerordentliche weltweite Dominanz der englischen Sprache sorgen). Doch trotz ihres phänomenalen Charakters hatte diese Hegemonie beachtenswerte Grenzen. Auf den unabhängigen amerikanischen Kontinent, auf China, Japan, das Ottomanische Reich usw. wirkte sie nur partiell. Abfinden mußte sie sich – mangels militärischer Hegemonie zu Lande – mit dem europäischen Gleichgewicht, einem Gleichgewicht zwischen starken Nationen (Deutschland, Frankreich, Rußland), das u.a. den englischen Kulturhegemonismus einschränkte (dieser konnte sich erst durch die USA entfalten), aber auch dem politischen Hegemonismus Grenzen setzte; daher konnte er nicht verhindern, daß neue konkurrierende Imperialismen aufkamen (Frankreich, Deutschland, Japan, USA).

Immerhin hat das Vorbild des britischen Hegemonismus seine Konkurrenten inspiriert, namentlich in der kolonialen Dimension (wo nur Frankreich, die Niederlande und Belgien zu einigen, zudem vergleichsweise bescheidenen Ergebnissen gelangten). Andere konnten nicht nachziehen (Deutschland), oder sie besaßen eine Alternative (kontinentale Expansion für die USA, vergleichbar mit der Expansion Rußlands).

Im übrigen wurde Britannien in zwei entscheidenden Bereichen – industrielle Wettbewerbsfähigkeit und militärische Macht – bald von seinen Konkurrenten abgehängt. Es behielt jedoch lange einen finanziellen Vorteil, auf dessen Bedeutung noch einzugehen ist.

Die Hegemonie der USA nach dem Zweiten Weltkrieg stammt aus einem anderen Zusammentreffen von Machtfaktoren. Hier erwies sich der enorme industrielle Vorsprung großenteils als Produkt vorübergehender Umstände (Weltzustand um 1945); mit der Erholung Europas und Japans schrumpfte er rasch. Dagegen scheint der finanzielle Vorteil, wie im Fall Großbritanniens, den relativen Niedergang der industriellen Wettbewerbsfähigkeit überdauern zu können. Und wenn die USA nicht mit ihrer »antikolonialen« Tradition gebrochen haben (ihrer geringen Neigung zur kolonialen Eroberung), so deswegen, weil ihre militärische Absolutmacht – ohne Vergleich mit jeglicher vorangegangenen militärischen Macht, nur momentan (1945-1990) begrenzt von einer gleichrangigen, jetzt aber zerfetzten Supermacht – sie solcher Mühen enthebt. Durch ihre eigene Ausstrahlung haben die USA auch die englische Sprache zu dem gemacht, was sie heute ist und was sie im 19. Jahrhundert nicht war und nicht sein konnte.

4. Der mitunter so genannte »Territorialismus«, d.h. die Neigung, die von einem einzigen politischen Zentrum regierte Zone auszudehnen, steht in höchst komplexem Verhältnis zur kapitalistischen Expansion. Das berührt auch die allgemeinere Frage nach dem spezifischen Verhältnis von Politischem und Ökonomischem im Kapitalismus.

Zwei extreme Positionen zum Territorialismus scheinen mir steril.

Die erste sieht im Kapitalismus ein seiner Natur nach »territorial entkörperlichtes« System. Bei aller Eleganz dieser Definition des Kapitalismus, der in der Tat immer Außenbeziehungen, darunter Außenwirtschaftsbeziehungen, über den Rahmen des Staates (ob klein oder groß) hinaus und mit bedeutender, vorher nicht dagewesener Wirkung auf »das Inland« einschließt, ist die Bestimmung doch irreführend. Der real existierende Kapitalismus hat das Verhältnis des Raums seiner ökonomischen Reproduktion zum Raum seiner politischen Verwaltung in einer Weise gestaltet, die sich nicht fassen läßt, wenn man den fraglichen Territorialismus aus seiner Natur ausblendet. Zwar haben die italienischen Städte weit über ihre Grenzen hinaus gewirkt, waren die Vereinigten Provinzen ein großes kleines Land. Es gibt noch immer moderne Staaten von unterschiedlichem Ausmaß, und die kleinen fahren mit ihrer Einordnung in die weite Welt nicht unbedingt schlechter als die großen. Manche Mikrostaaten (Luxemburg, Liechtenstein, Bahamas, Ölscheichtümer, Singapur) haben in dieser Einordnung einträgliche Nischen besetzt. Die USA und Rußland sind Kontinentstaaten ohne auswärtige Kolonien (das Russische Reich und die Sowjetunion waren multinational, nicht kolonial). Aber umgekehrt ist die weltweite

Einordnung Britanniens unvorstellbar ohne sein Kolonialimperium, und das gleiche gilt selbst für Frankreich zwischen 1880 und 1960 (danach hat Frankreich dafür optiert, seine weltweite Einordnung nicht mehr mittels seiner neokolonialen Einflußzone, sondern mittels der Europa-Konstruktion zu bewirken). Woher diese Unterschiede?

Die Vielfalt der Situationen in Raum und Zeit untersagt es, eine Gleichung aufzustellen wie: »Zentren/Peripherien = Metropolen/Kolonien«. Leider ist diese Gleichung populär geworden, u.a. durch unzulässige Vereinfachung der Thesen von Hobson, Hilferding und Lenin zum modernen Imperialismus.

Heute ist es Mode, alle jene Spezifiken auszublenden, so bedeutsam sie m.E. auch sind. Man redet daher ins Blaue hinein von »Imperien« und wirft das antike Rom, Byzanz, das Kalifat, die Pforte, China, Österreich-Ungarn, das russische Reich, das britische Empire, das französische Kolonialreich bunt durcheinander. Nun handelt es sich um Formationen, die nicht nur in der inneren Struktur, sondern auch nach ihrer Einordnung in die Globalisierung total unterschiedlich sind. Unterdrückung ist gewiß keine neue Erscheinung in der Geschichte, auch nicht das, was man rassistische, ethnische, kulturelle oder nationale Unterdrückung nennen kann. Aber die kapitalistische Ausbeutung und die Polarisierung Zentren/Peripherien, ggf. in kolonialer Form, sind besondere Realitäten der modernen Epoche, mit besonderen Einordnungsformen in die Globalisierung. Noch einmal: Das russische (dann sowjetische) Reich mag durchaus Völkergefängnis gewesen sein. Es war nicht als Kolonialimperium organisiert wie das britische. Im Sowjetreich liefen die ökonomischen Transfers vom russischen »Zentrum« zu den asiatischen »Peripherien«, im Gegensatz zu dem, was im britischen Empire geschah.[13]

Das Verhältnis des Kapitalismus zum in Rede stehenden Territorialismus führt auf die Frage nach der Macht im Kapitalismus. Auch hier gibt es eine sehr einfache These: Die Macht ist die Macht des Kapitals, Punkt und Schluß. Sie enthält zwar einen wahren Kern, den man besser anerkennt, trägt aber nicht viel dazu bei, die Vielfalt der Situationen zu begreifen. Ich komme hier wieder darauf, was weiter oben zu Braudels Beschreibung der drei Schichten der kapitalistischen Realität gesagt wurde. Der Kapitalismus ist nicht »der Markt«, sondern »der Markt + der Anti-Markt«, und Ausdruck des letzteren ist die Aktion der politischen Macht. Diese Macht der »Hochfinanz« (d.h. für die merkantilistische Etappe: eines Konglomerats aus Handel, Handwerk und Geldgeschäft) ist die Konstruktionsgrundlage der ersten wirklich kapitalistischen Staaten: der

[13] Siehe S. Amin, *L'ethnie à l'assault des nations.*

italienischen Städte, der Vereinigten Provinzen. Und hier gibt Arrighi den nützlichen Hinweis, daß keine Machtform dem extremen Modell des von Vorständen des *Big Business* regierten Staates so nahekam wie jene dieser bescheidenen Gemeinwesen. Aber nicht dort entstand die Verbindung »politische Macht/Wirtschaftsraum« dergestalt, daß sich der Ort herausbildete, wo mit der Industrialisierung der qualitative Sprung zur Vollendung der kapitalistischen Produktionsweise stattfinden konnte. Das geschah in den großen Merkantilstaaten – erst England, dann Frankreich. Da fand sich der Weg zu den modernen bürgerlichen Nationalstaaten, zum selbstzentrierten (dabei natürlich offenen) Wirtschaftsaufbau und somit zur Übereinstimmung zwischen Akkumulationsraum und Raum der politischen Verwaltung.

Dieses Modell wurde in Deutschland und anderswo reproduziert, weil es wirklich den damaligen Erfordernissen der kapitalistischen Expansion entsprach. Den grundlegenden Erfordernissen zumindest, denn ob nun mit Kolonien (England, Frankreich) oder ohne sie (Deutschland), waren die Ergebnisse für einen global wettbewerbsfähigen Wirtschaftsaufbau doch ähnlich. Das Modell wurde daher regelrecht zur Ideologie erhoben, seine Realisierung mit dem Fortschrit der Moderne gleichgesetzt. Natürlich läßt sich der Sinn der Effizienz dieser Geschichte nur dann voll erfassen, wenn Analysen und eine Theorie der sozialen Hegemonien, worauf sich »die Macht des Kapitals« gründet, ferner der sozialen Bündnisse, die sie ermöglicht haben (mit der Aristokratie oder der Bauernschaft, später der soziale Kompromiß Kapital-Arbeit usw.), und dergleichen mehr erarbeitet werden. Marx hat diese Arbeit sehr konkret für seine Epoche geleistet. Hervorragende Marxisten wie Gramsci haben sich weiter darum bemüht.

Die koloniale oder halbkoloniale Expansion war ein Pfropfreis auf dieser Geschichte. Sie ist daher als Anhängsel der spezifischen sozialen Hegemonien eines Landes in einer bestimmten Phase seiner kapitalistischen Entwicklung anzusehen. So etwa der Nexus von Expansion der Baumwollindustrie in England und Zerstörung derselben in Indien, von industrieller Spezialisierung Englands und Agrarimporten aus den USA und den späteren großen Siedlerdominions, von dürftiger Entwicklung bestimmter Industrie- und Agrarsektoren Frankreichs und reservierten Märkten in den Kolonien[14] usw. Begreiflich wird dann, daß Kolonien kein »absolutes« Erfordernis der Expansion des Kapitals, sondern nur für das Funktionieren bestimmter sozialer Hegemonietypen in dieser Expansion erforderlich sind.

[14] Siehe dazu das Werk von Jacques Marseille.

Der Hang zur kolonialen Expansion scheint jedoch von 1880 an nahezu allgemein aufzutreten (die schon bestehenden Kolonialimperien, Indien, Indonesien usw., waren großenteils Erbstücke aus merkantilistischen Konstruktionen von vor 1800). Er resultierte nicht aus einem absoluten Erfordernis der inneren Akkumulation, wie in oberflächlichen, vorschnellen Analysen oft behauptet, sondern aus der verschärften Konkurrenz unter den neuen Oligopolen, auch wenn natürlich das dominante nationale Kapital aus der Kolonisierung Profit zu schlagen wußte. Lenin hat nichts anderes gesagt, nur hat man ihm später anderes unterstellt. Erfolg – oder Scheitern – jener kolonialen Expansion hatten im übrigen komplexe positive und negative Auswirkungen auf die Akkumulation selbst, bald beschleunigend durch Bereitstellen von Ressourcen aus Plünderung und Überausbeutung, bald im Gegenteil verzögernd, weil die Konversion von rückständigen Produktionssegmenten ausblieb. Portugal und die Niederlande sind klassische Beispiele dieser Negativeffekte. Aber auch für Frankreich und selbst England, das anfangs die Kolonisierung Indiens so gut auszunutzen verstand, blieben in der späteren Evolution der globalisierten Konkurrenz diese Negativeffekte nicht aus. Für Erfolg oder Scheitern waren m.E. weitere Faktoren, noch über die nationale Bewältigung des technologischen Fortschritts hinaus, bei weitem nicht weniger wichtig, z.B. die Kontrolle der Monetarisierungsprozesse, die noch zu behandeln ist.

Der Territorialismus in der merkantilistischen Transition kann nur dann nach derselben Methode analysiert werden, wenn zugleich der Unterschied zwischen der Hegemonie des merkantilen Kapitals (kaufmännisch-finanziell) von 1500 bis 1800 und jener des Industriekapitals (industriell-finanziell) ab 1800 in seiner vollen Bedeutung erfaßt wird. Ich unterbreite im weiteren einige Gedanken zu diesem Thema unter dem besonderen Aspekt der »Monetarisierung« im Merkantilismus.

Die zweite Position, ebenso steril, wenn nicht ärger, sieht im Kapitalismus (ob merkantilistisch oder industriell) überhaupt nichts Neues und analysiert das Verhältnis Politik/Ökonomik für Altertum und Neuzeit als äquivalent.

Nach meiner Theorie der Umkehr der Dominanzbeziehung (Politik -> Ökonomie in den Tributsystemen, Ökonomie -> Politik im Kapitalismus) kann die Frage nach dem Verhältnis zwischen Raum der politischen Verwaltung und Reproduktionsraum des Wirtschaftslebens (der Akkumulationsbegriff hat für die Zeiten vor dem Kapitalismus keinen Sinn) nicht für die gesamte Geschichte in derselben Weise gestellt werden.

In den Tributsystemen ist das Wirtschaftsleben noch in einzelnen Raumstükken angesiedelt, wenngleich Warenaustausch einschließlich Fernhandel erheblich auf die Gesellschaft einwirkt. Der politische Raum ist dagegen in den vollendeten Tributärformen tendenziell weiter ausgedehnt (Muster: China), zugleich bei den primitivsten peripheren Formen (Europa im Hochmittelalter, subsaharisches Afrika) fast bis aufs Maß der Reproduktionsräume des Wirtschaftslebens aufgestückelt und bei den Zwischenformen (Mittlerer Osten und islamische Welt, Europa im ausgehenden Mittelalter, Indien) auf einem Mittelwert zwischen den beiden Extremen angelangt.

5. Als »Monetarisierung« des Systems (der Neuzeit, des Kapitalismus) kann ein Prozeß bezeichnet werden, in dem sich die Dominanz des Geld-, des Finanzkapitals über das produktive Kapital durchsetzt. Oder frei nach Marx: die Dominanz des Direktprozesses G-G' über die produktiven Prozesse G-P-G'.

Gewiß ist dieses Phänomen, wie viele andere auch, wiederholt in der Geschichte des Kapitalismus vorgekommen, so sehr, daß Arrighi darin nicht dessen »letzte Phase« sieht (wie die Thesen Hobsons, Hilferdings und Lenins vom »Imperialismus als höchstem Stadium« nahelegen), sondern ein wiederkehrendes Phänomen. Fragt sich noch, ob die Wiederkehr Regelmäßigkeit – in zyklischer Form – bedeutet und ob es fruchtbar ist, sie hervorzuheben, dafür aber die Spezifiken der Monetarisierung in den verschiedenen Stadien der kapitalistischen Entwicklung auszublenden.

Ich selbst betone lieber diese Spezifiken. So eignet der produktive Prozeß G-P-G', den Marx analysiert hat, dem vollendeten, industriellen Kapitalismus. P unterstellt den Kauf der Arbeitskraft und ihre Ausbeutung entsprechend der formellen Submission unter das Kapital (das in den privat angeeigneten industriellen Produktionsmitteln verkörpert ist). In der merkantilistischen Transition hat der Hauptvorgang der Akkumulation die Form G-A-G', worin A die Dominanz des Warenaustauschs – Kauf und Verkauf von Produkten – ausdrückt. Sicher müssen die ausgetauschten Waren produziert werden. Aber das geschieht hier in bäuerlicher und handwerklicher Produktion, die nach Marx in reeller und nicht in formeller Submission vom Kaufmannskapital dominiert werden. Ich behaupte: Dieser qualitative Unterschied gibt der hier wie da anzutreffenden Monetarisierung unterschiedliche Inhalte.

In seinem schönen Werk bietet uns Arrighi ein packendes Bild der »Zyklen«, welche die vermeintlichen Systemzentren der einzelnen Zeiten (die italienischen Städte: Florenz, Venedig, Mailand, Genua; die Vereinigten Provinzen) von der überlegenen Wettbewerbsfähigkeit zur Monetarisierung und zum Niedergang führen. Wichtig bliebe noch, jeweils die Ausrichtung der fraglichen Wettbewerbsfähigkeit zu präzisieren. In manchen Fällen betrifft sie wirklich die Produktion, z.B. das Handwerk und die Textilmanufaktur in Florenz, den Schiffsbau in den Vereinigten Provinzen. Aber die dominante, zur Natur des Merkantilismus stimmende Form ist die kommerzielle Überlegenheit. Sie resultiert wiederum aus einem Komplex von Faktoren: Kenntnis und Beherrschung (auch militärisch) der Handelswege, Effizienz des Zahlungssystems (der Wechsel erspart das Mitführen von Hartgeld), Überlegenheit der Transportmittel (Flotten), Preisangebot. Zum letztgenannten Punkt hat Wallerstein gut gezeigt, wie sehr die Ausbeutung der amerikanischen Minen die kommerziellen Verhältnisse zugunsten der Europäer umwälzte: Sie konnten bessere Preise bieten als alle Konkurrenten im alten tributären Weltsystem. Mit dem Ensemble dieser Mittel hat der Merkantilismus in der Tat das alte, seiner Natur nach nicht polarisierende tributäre Weltsystem zerstört, an seiner Stelle das auf Polarisierung beruhende merkantilistische Weltsystem errichtet und damit die Voraussetzungen für das spätere, seiner Natur nach polarisierende, vollendet-kapitalistische Weltsystem geschaffen.

Die Monetarisierung eines Segments des Merkantilsystems hängt dabei mit der Gestaltung entsprechender Produktionssysteme als Grundlage der Kapitalexpansion jener Zeiten zusammen. So bietet uns Arrighi hier das in seiner Klarheit ausgezeichnete Beispiel der Monetarisierung Genuas im Nexus mit der Eroberung und Ausbeutung Amerikas. Zum Bankier der spanischen Monarchie geworden, verdient Genua offensichtlich weit mehr, indem es sich auf diese Evolution einläßt, statt einfach Handelsstadt zu bleiben. Ebenso wird Florenz von einer Handwerks- und Handelsstadt zu einem Bankier der aufkommenden absolutistischen Staaten Europas. Es monetarisiert sich. Die Vereinigten Provinzen, anfangs auf Transport und Handel eingestellt, werden ebenfalls reicher, als sie in einem Großteil Europas und der Welt das disponible Geld einsammeln, zum Geldkapital konstituieren und sich ihrerseits zu den Bankiers für Europa machen.

Aber wie immer bereichert die Monetarisierung die einen nur auf Kosten der anderen; nur der Fortschritt der Produktion gestattet das Ausscheren aus diesem Nullsummenspiel. Der Zyklus G-G' ist in diesem Sinn immer ein Faktor, der die Ungleichheit der Einkommen zugunsten der dominanten Geldverleiher und Rentiers verstärkt. Diese Bereicherung läuft sich tot, wenn nicht irgendwo eine Basis für die Erweiterung der produktiven Sphäre entsteht. Die aber entsteht eben generell anderswo, nicht in dem monetarisierten Zentrum, und in jenem Stadium verlangt sie die effiziente Gestaltung politischer Herrschaft über bedeutende Territorien. Der Territorialismus ist hier Begleiterscheinung der Konkurrenz seitens neuer aufstrebender Zentren, von Herausforderungen an die alten monetarisierten Zentren, die dann abzusteigen beginnen. Die Erweiterung der produktiven Sphäre hatte zu jenem Geschichtszeitpunkt eine doppelte Basis: zum einen in Verbindung mit dem Zurichten beider Amerikas (Produktion der Bergwerke und der Pflanzungen, namentlich der Zuckerplantagen), zum anderen infolge der Raumbildung der großen absolutistischen Monarchien (Basis der großen Manufaktur, der Vorläuferin der Industrie). Die besten Leistungen brachten in dieser Lage die Staaten, die politisch sowohl ihren »nationalen« Raum als auch die Kolonien (Amerika, später Indien und Indonesien) und die Handelsnetze beherrschten, mittels derer sie die Überschüsse aus dominierten Produktionen vereinnahmten. Aber in diesem Rahmen ging es nie einfach zwangsläufig zu, und der Vorteil einer sehr zeitigen Monetarisierung geriet zum Handicap, insbesondere wenn es an politischem Zusammenhalt (durch geeignete soziale Hegemonie, d.h. auch durch Zusammenpassen der inneren Faktoren und der Mechanismen der Globalisierung) oder an militärischer Stärke mangelte. So kann Spanien, das Amerika besitzt, den Profit aus dessen Ausbeutung nicht behalten. An den Höhepunkt ihres finanziellen Reichtums gelangt, erschöpfen sich die Vereinigten Provinzen ebenfalls, weil sie sich keinen ausreichenden merkantilistischen Raum zu schaffen vermögen. Als sie sich später an ihre Kolonie Indonesien klammern, geht das, wie bekannt, mit dem Schwinden ihrer Position in Europa einher. Zwei Erfolge: an erster Stelle, sehr bedeutsam, England, damals noch nicht monetarisiert und ohne das spätere Kolonialimperium (große Bedeutung erhält dieses erst mit der Eroberung Indiens im 18. Jahrhundert); an zweiter Stelle, aber weit dahinter, Frankreich. Diese Fortschritte des produktiven Merkantilismus bereiten der industriellen Revolution den Weg, denn sie schaffen deren Bedingungen.

Arrighis glänzende konkrete Analyse der Merkantilismusgeschichte zeigt anschaulich, wie die Schnittstelle Monetarisierung-Territorialismus bei der Schaffung von Bedingungen für den Fortschritt der Produktivkräfte funktioniert. Die Monetarisierung der Niederlande wurde nicht zur wirksamen Triebfeder des Fortschritts in diesem Land. Trotz seiner Rolle als Bankier der dynastischen Koalitionen, die das mittelalterliche System abwickelten und das moderne zwischenstaatliche System kreierten (das Datum des Westfälischen Friedens, 1648, kann dafür stehen), vermochte Holland nie das von ihm mitgeschaffene System zu lenken. Das fiel England und Frankreich zu, die den Weg zum Merkantilismus fanden, d.h. zum ökonomischen Nationalismus (Colbertismus, Navigation Act) samt Kolonialsklaverei und Siedlerkolonien. Sie brauchten dazu einen ausreichenden territorialen Raum. Muß also das finanzorientierte Rentiersland schließlich immer seinem künstlichen und verletzlichen Reichtum zum Opfer fallen, von anderen, produktiveren, aktiveren, findigeren Zentren geschlagen werden? Die Frage wird sich für die späteren Epochen wieder erheben.

Die Geschichte der Monetarisierung wiederholt sich nicht, dem Anschein zum Trotz. Das neue industrielle Weltsystem mit der zuvor ungekannten Polarisierung industrialisierte Zentren/nichtindustrialisierte Peripherien wird im 19. Jahrhundert aufgebaut, zuerst unter Leitung Britanniens, das, wie schon gesagt, die technologische Initiative, die kommerzielle Meisterschaft, die koloniale Ausbeutung und die Herrschaft über das neue weltweite Finanzsystem in der Hand hat. Die Ideologie des Freihandels, Stütze der britischen Hegemonie, bringt in der Tat den Kosmopolitismus eines transnationalen Kapitalismus und einen imperialen Territorialismus ohnegleichen zusammen. Britannien verliert rasch, schon 1880, seinen deutlichen technologischen Vorsprung vor den beiden Konkurrenten USA und Deutschland. Aber den Vorteil auf finanziellem Gebiet behält es bis 1945. Dann und mittels der Institutionen von Bretton Woods entreißen ihm die USA dieses Monopol. Seit dem Ende des 19. Jahrhunderts weitgehend monetarisiert, bleibt Britannien dadurch noch »reich«, trotz des relativen Niedergangs seiner Industrie. Es hat sogar die Wahl getroffen, sich »in dieser Nische einzurichten«, dies innerhalb der Europa-Konstruktion und ihrer neuen Art, sich global einzubringen. Ob diese Option auf Dauer effizient sein kann?

Während sich Britannien in der bequemen Monetarisierung einzurichten begann, wurde der produktive Raum anderswo erweitert und gründlich ausgebaut, namentlich in den USA und in Deutschland. Aber dieser Fortschritt brachte da und dort nicht dieselben Ergebnisse. Arrighi zeigt hier Deutschlands Mißerfolg, seine Evolution und – in sehr überzeugender Weise – einige bisher unbeachtete Momente dieses Fehlschlags. Obwohl die industrielle Produktivität in Deutschland von 1870 bis 1914 dreimal so schnell anstieg wie in Britannien, blieb das Aufholen beim deutschen Pro-Kopf-Einkommen langsam und mäßig. Das Gefälle illustriert Arrighis und Braudels These, daß der Kapitalismus nicht auf den Markt (oder auf die Produktion hinter dem Markt) zu reduzieren ist; die Machtmonopole – so auch die Finanzmacht – bringen bedeutende Profite. Aber die haben auch ihre Tücken, wie man noch sehen wird.

Den USA dagegen gelang es perfekt, Britannien auszustechen. Indessen besaßen sie bis 1945 keinerlei finanziellen oder anderen Vorteil, der mit einer dominanten Einordnung ins Weltsystem zusammengehangen hätte. Sie bauten auf eine derart selbstzentrierte Organisation ihres produktiven Raums (in Landwirtschaft und Industrie), wie sie seinerzeit kein anderes Land haben konnte. Auf einen kontinentweiten Raum voller Ressourcen aller Art ausgerichtet, vom dominanten globalen Migrationsfluß begünstigt, schufen sie zuerst im Inland die Formen einer effizienteren Produktionsorganisation, die später zur Grundlage ihrer globalen Hegemonie wurden. Hier betont Arrighi zu Recht, daß das moderne Großunternehmen – die künftige Multinationale – zuerst ein integriertes amerikanisches Großunternehmen war (und oft noch ist). Diese Aufbau-

und Expansionsform ähnelt auffallend der russischen. Das russische Reich, nachmals die UdSSR, wird ebenfalls als selbstzentrierter Riesenraum in deutlicher Distanz zum Weltsystem aufgebaut. Das Scheitern liegt m.E. nicht an dieser USA-ähnlichen Option, sondern einfach an inneren Faktoren – der Rückständigkeit des imperialen Rußlands, der Natur des Sowjetismus und seinen Schranken – sowie am Jahrhundertkonflikt (1880-1990) zwischen Rußland und Deutschland, dann zwischen Rußland und den USA (und nächstens wieder zwischen Rußland und Deutschland?).

Der Anschein einer generellen Monetarisierung des Weltsystems, der mit den 80er Jahren des vorigen Jahrhunderts aufkommt, ist ein Phänomen für sich. Die Periode 1873-1896 ist ein Zeitraum relativer Stagnation im Fortschreiten der Produktion. Im Verein mit der ständigen Tendenz zur Zentralisation des Kapitals läßt dies das Produktionssystem von der bislang dominanten Konkurrenz-Form zu der neuen oligopolistischen Form umschwenken. Hobson, Hilferding, Lenin haben jeder auf seine Weise die Bedeutung dieser qualitativen Änderung herausgearbeitet; mit ihnen betrachte ich daher 1880 als Wendezeitpunkt. Die große Depression (1873-1896) trifft die alten Industriezentren (Britannien, Frankreich, Belgien), während das Wachstum der Industrieproduktion in den neuen Zentren (Deutschland, USA) anhält – ganz wie heute die Krise die Triade trifft (Nordamerika, Europa, weniger stark und verzögert auch Japan), während sich die Industrialisierung im Osten Asiens (China, Korea, Südostasien) beschleunigt.

Die alten Zentren ziehen sich seinerzeit auf die bequeme Position von Weltbankiers zurück; sie finanzieren eine Art von Verlagerung (vor allem in Richtung Rußland, Österreich-Ungarn, Ottomanisches Reich, Lateinamerika, weiße Dominions via Verschuldung; weniger in Richtung der eigenen Kolonien, auf die sie erst später gezwungenermaßen zurückfallen); jetzt finden sich recht ähnliche Phänomene in der Verschuldung der Dritten Welt und der östlichen Länder. Im übrigen blieb die Verlagerung, deren Ausmaß in den 1970er Jahren annehmen lassen konnte, sie werde die Weltkarte der Industriestandorte transformieren,[15] von geringer Tragweite und kurzer Dauer. Seit den 1980er Jahren läuft eine Rezentralisierung nach den alten Akkumulationszentren (jedoch in einem Tempo, das kein Ausscheren aus der anhaltenden Depression gestattet). Zu bemerken ist ebenfalls, daß der parallele beschleunigte Aufschwung Ostasiens nur wenig mit ausländischen Investitionen zu tun hat (beim Technologietransfer spielen sie allerdings eine wichtige Rolle).

---

[15] Siehe dazu Otto Kreye und Mitarbeiter.

Verständlich wird somit, daß die Monetarisierung des ausgehenden 19. Jahrhunderts von Land zu Land verschiedene Formen annahm. Für Britannien und Frankreich erhält sie die Form eines kosmopolitischen Finanzkapitalismus (Muster: das Rothschild-Netz), der sich gegenüber dem Staat verselbständigt, wie Hobson hervorhebt. Die Selbständigkeit bleibt jedoch relativ, denn ein Hauptquell des überschüssigen Sparaufkommens, das dieses Finanzkapital sammelt und im Ausland plaziert, ist der Tribut aus den Kolonien. Bucharin und Lenin theoretisieren dieses »Rentiers«-Verhalten und entwickeln von daher eine Kritik der neuen »subjektivistischen« Wirtschaftswissenschaft. In Deutschland verbindet sich das Finanzkapital dagegen mit der weiterhin aufstrebenden Industrie. Hilferding bemerkt daher, daß diese Fusion von Banken und Industrien gestattet, das Land wie ein integriertes Unternehmen zu verwalten; man könnte es, wenn man will, staatsmonopolistischen Kapitalismus nennen, oder *Germany Incorp.*, wie man später von *Japan Incorp.* redete.

In der Realität des damaligen Kapitalismus verschärft diese Oligopolarisierung die Konflikte, die Lenin zu Recht als interimperialistisch ansieht (nicht bloß zwischen den Kolonialimperien); die beiden Weltkriege zeugen von ihrer Realität. Lenin nahm an, das Proletariat werde diesen Konflikt nicht hinnehmen, daher sei die sozialistische Weltrevolution (mindestens die europäische) an der Tagesordnung; deshalb sprach er vom Imperialismus als dem »höchsten Stadium«. Die Geschichte gab ihm nur zum Teil recht: Die Revolution hat wirklich in einer Halbperipherie stattgefunden, in Rußland (dem »schwächsten Kettenglied«), aber sie hat sich nicht nach Europa ausgedehnt, sondern nach dem Osten, auf andere Peripherien, in radikaler Form (China) oder abgeschwächt (nationale Befreiungsbewegung Asiens und Afrikas) und sich somit von 1917 bis 1975[16] erstreckt. Aber der Imperialismus, so hat sich gezeigt, war in dieser Gestalt nicht in seine letzte Phase eingetreten. Er hat überlebt und sich in neuen Gestalten wieder entfaltet.

Nun war die Periode relativer Stagnation (die große Krise von 1873-1896), die dem Ersten Weltkrieg voranging und in der Zwischenkriegszeit weiterging, eben deswegen ein Zeitraum generalisierter Monetarisierung. Ich verstehe darunter, daß sie nicht ein geografisch lokalisiertes Segment betraf (wie einst die italienischen Städte und die Vereinigten Provinzen), sondern insgesamt die Gesellschaften des entwickelten Zentrums: ein Phänomen ähnlich dem Geschehen von heute, seit 1980, das auch hier mit Stagnation in der Expansion der

[16] Endzeitpunkt der Bandung-Ära, wie ich in *L'Empire du chaos* (dt.: Das Reich des Chaos) geschrieben habe.

Produktionssysteme einhergeht. Ich komme noch auf diese neue Situation zurück, wiederhole jetzt aber, was oben zum Kontrast Prozeß G-G' – Prozeß G-P-G' gesagt wurde: Ersterer ist immer Krisenzeichen, Anzeichen relativer Stagnation von P. Er bringt immer auf Dauer unhaltbare Resultate, denn er verschärft die Ungleichheiten so rapide bis ins Katastrophale, daß er unweigerlich durch soziale und politische Kämpfe in Frage gestellt wird.

Ist die Monetarisierung dennoch eine »notwendige« Etappe? Ich verstehe darunter, daß sie ein notwendiges Moment für das Wiederentstehen von Bedingungen einer neuen Expansionsetappe des Produktionssystems sein soll. Diesen Diskurs hören wir heute immer wieder, bis zum Überdruß: Die »Strukturanpassung« müsse über die Monetarisierung verlaufen. Ich sage dagegen: Die Monetarisierung ist ein Modus des Krisenmanagements, nicht der Überwindung der Krise. Dieses Management schafft längst nicht die Bedingungen einer Erholung, sondern rückt sie in die Ferne, und zwar ziemlich weit weg. Europa ist durch die Monetarisierung von 1880-1945 nicht aus seiner Krise herausgekommen; die Erneuerungskräfte des industriellen Fortschritts entstanden in den USA, einigermaßen fern von jener verheerenden Monetarisierung. Erlebt man heute eine ähnlich widersprüchliche Entwicklung – die USA, Japan, Europa mit Lateinamerika, Afrika, dem Mittleren Osten im Schlepp installiert in Stagnation und Monetarisierung, während Ostasien, einigermaßen fern davon, zum Ort der nächsten Expansion des Produktionssystems wird? Ich diskutiere diese Hypothese im weiteren.

Um diesen Punkt abzuschließen, verweise ich nochmals auf den qualitativen Unterschied, den die widerspruchsvolle Schnittstelle Monetarisierung-Produktionssystem in der merkantilistischen und in der industriellen Etappe aufweist. In der merkantilistischen Etappe ist der Handel Triebkraft, seine Expansion schafft die Bedingungen einer Expansion der Produktion. In der industriellen Etappe läuft die Kausalität andersherum, ob es den Lobrednern des Neoliberalismus aus der WTO paßt oder nicht: Die Expansion der Produktion gestattet die Expansion des Austauschs. In der merkantilistischen Etappe werden die Profite aus dem Handel, soweit möglich (d.h. soweit die Expansion der Produktion ihrerseits andauert), in den Handel reinvestiert, und wenn das nicht mehr gelingt, in die Monetarisierung (die dann mit Stagnation einhergeht). In der folgenden Etappe werden die industriellen Profite in die Industrie reinvestiert, und wenn diese Operation ihren Daseinsgrund (ihre Rentabilität) verliert, drängt sich der Rückzug in das Finanzielle auf, der Weggeselle der Stagnation. Statt von »Monetarisierungszyklen« rede ich hier also lieber von verschiedenen Akkumulationsphasen.

Streitpunkte von heute: ungebremste oder kontrollierte Globalisierung?

1. Das Datum 1945 (oder 1950) markiert für mich eben deswegen eine Wende, weil die Globalisierungsformen der Nachkriegszeit einen qualitativen Bruch mit den seit 1880, in mancher Hinsicht gar seit 1800 vorherrschenden Formen anzeigen.

Die Besonderheiten der Phase 1945-1990 wurden schon zur Genüge benannt. Daher sei nur daran erinnert, daß ich das relativ starke Wachstum in allen Weltregionen während dieser Periode auf die Natur der drei Gesellschaftsprojekte zurückgeführt habe, auf denen der Aufschwung der Nachkriegszeit beruhte: i) den historischen Kompromiß Kapital-Arbeit im entwickelt-nationalstaatlichen Rahmen mit keynesianischer Regulierung; ii) dem sowjetistischen Projekt des selbstzentrierten, vom Weltsystem abgekoppelten »Aufbaus des Sozialismus«;[17] iii) dem modernistisch-entwicklungsideologischen bürgerlich-nationalen Projekt der Dritten Welt,[18] das die Industrialisierung dieser Länder in eine auszuhandelnde, revidierte globale Interdependenz einordnen wollte.

Trotz ihrer offenkundigen Eigenheiten hatten diese drei Pfeiler des Weltsystems der Nachkriegszeit zwei gemeinsame Merkmale. Erstens weichen alle diese Gesellschaftsprojekte vom extremen liberalen Ökonomismus ab, weil sie Aufgaben und Ziele ökonomischer Effizienz (in mehr oder minder kontrollierter globaler Interdependenz) mit dem Streben nach Marktregulierung in einem sozialen Rahmen verbinden. Dieses je nach den besonderen sozialen Hegemonien der drei Ländergruppen gestaltete Streben entspricht also einer Absage an die Idee, daß die Märkte selbstregulierend seien, und bekräftigt die Kritik der Marktutopie durch Polanyi (nach Marx und Keynes). Zweitens wird die Realisierung effizienter und passender Politiken und Strategien in diesem Rahmen vor allem als Sache nationaler Verantwortung (von Staat und Zivilgesellschaft) verstanden, auch wenn diese Strategien natürlich nach außen geöffnet sind.

Die Hegemonie der USA, die weiter oben gekennzeichnet wurde, wirkte in diesem Rahmen und den dadurch gebotenen Grenzen. Ihre strikt ökonomische Seite – d.h. der technologische Vorsprung der USA – schrumpft rasch, weil sie Erfolg hat: Die Organisationsformen der »Multinationalen« verbreiten sich per Reproduktion in Europa und Japan. Nach und nach gewinnen also die drei an-

[17] Nach meiner Analyse: des Aufbaus eines »Kapitalismus ohne Kapitalisten«.

[18] Für Asien und Afrika von mir als »Bandung-Projekt«, für Lateinamerika mit dem übernommenen Ausdruck *desarrollismo* bezeichnet.

deren Aspekte dieser Hegemonie, die Kontrolle des weltweiten Währungs- und Finanzsystems, die militärische Überlegenheit, die kulturelle und linguistische Entfaltung des *American way of life*, erhöhte relative Bedeutung.

Die erste neue Dimension der Globalisierung erschöpft sich in ihren Widersprüchen und führt mit dem Nachlassen des Wachstums zur Stagnation mit Monetarisierung. Das geschieht seit 1980 (also wieder ein Wendezeitpunkt). In der Tat bestand das dominante Element der Globalisierung, das die weiter oben genannten nationalen Politiken übergriff, ursprünglich in dem organisierten System der festen Wechselkurse und im Dollarstandard. Die Fortschritte der Europa-Konstruktion und der Aufschwung Japans mußten diese Facette der amerikanischen Hegemonie in Frage stellen, selbst wenn sich, wie ich anderswo geschrieben habe, keine Alternative zum Dollarstandard fand und das seit 1980 betriebene Krisenmanagement die Antwort auf diesen Widerspruch auf die lange Bank schiebt.

Die zweite Dimension, die Militarisierung des Systems, ist so offenkundig, daß sich Kommentare fast erübrigen. Ich verweise nur darauf, daß dieser militärische Keynesianismus eine Hauptrolle beim Erhalten des starken Wachstums in den USA und in der Welt spielte. Wirksamstes Instrument der amerikanischen Hegemonie konnte er jedoch erst werden, als der sowjetische Gegner geschlagen war, d.h. als die Periode selbst abgeschlossen war. Es bleibt, daß diese neue Suprematie in der Geschichte ohnegleichen ist: Nie zuvor haben Waffen im allgemeinen und die Stärke einer Macht im besonderen erlaubt, effizientes, wenn auch extrem destruktives militärisches Eingreifen im Maßstab des ganzen Planeten ins Auge zu fassen.

Die dritte Dimension der neuen Globalisierung, die kulturellen Aspekte betreffend, wirft ziemlich alte Fragen in neuer Fassung auf. Das tributäre Weltsystem teilte sich in Kulturregionen, die ihre Eigenmerkmale behielten; trotz der prinzipiell universalistischen Dimension der großen Religionen und Philosophien, auf denen jene Kulturen fußten, kann man für diese Epochen kaum von Universalismus reden. Der Universalismus erscheint um 1500 mit der Renaissance, später mit der Aufklärung, allerdings in der verkürzten und deformierten Gestalt des Eurozentrismus, der das ungleiche Zurichten des neuen Systems durch sein europäisches Zentrum begleitet. Aber dieser Universalismus, der die Werte der modernen Welt zu begründen hat – positive wie die Demokratie oder negative wie die ökonomistische Entfremdung –, schafft die Vielfalt innerhalb Europas nicht aus der Welt. So geht die britische Hegemonie, die sich mit dem europäischen Gleichgewicht arrangieren muß, nicht mit einer linguistischen Expansion des Englischen einher. Nach dem Zweiten Weltkrieg bleibt es, trotz der ausgeprägten amerikanischen Hegemonien, wegen des starken nationalen

Inhalts der für die Epoche bestimmenden Strategien bei einem Miteinander des Universalismus – der in den Gesellschaftsprojekten der betreffenden Phase sichtbar wird – und der politischen wie kulturellen Vielfalt. Der Widerspruch, der der kulturellen Dimension der kapitalistischen Globalisierung eignet, ist daher erst unlängst offen zutage getreten. Er wird oft der Macht der modernen Medien zugeschrieben, die, wie es heißt, die Erde zum »Weltdorf« schrumpfen lassen. Diese Realität darf im Bild der Globalisierung gewiß nicht wegbleiben. Aber sie legt nur an den Tag, was schon lange da war: daß die alten Kulturen[19] rundweg verschwunden sind, aufgelöst von der kapitalistischen Kultur, die durch ihren Wesensinhalt, die ökonomistische Entfremdung, und nicht durch ihre europäische Herkunft und Form definiert ist. Dennoch hat diese kapitalistische Universalkultur nie universelle Legitimität erringen können, weil sie ein polarisiertes Weltsystem begleitet und unterstellt. Je mehr sie sich dank der modernen Medien durchsetzt, je mehr sich zugleich die Polarisierung zuspitzt, nachdem die Gesellschaftsprojekte der Nachkriegszeit ihr Potential erschöpft haben, desto stärker erhebt sich die »Kulturfrage«, regen sich desparate Arten von Identitätssuche in der Dritten Welt. Die linguistische Hauptausdrucksform der Herrschaft der kapitalistischen Kultur, Produkt der amerikanischen Hegemonie, stößt selbst in Europa auf Widerstände, besonders in Frankreich.

Nach meiner Analyse des Nachkriegssystems sind in der Aufstiegsphase wie in der – noch andauernden – Krisenphase weder die Struktur des Gesamtsystems noch die Strukturen seiner Bestandteile oder eine etwaige Hegemonie zur Gänze oder auch im Prinzip vom »Wettbewerb der Firmen auf dem Markt« determiniert, wie die herrschende ökonomistische Ideologie vorgibt. Diese Strukturen beziehen sich nicht allein auf die mittlere Schicht à la Braudel; mit Marx, Polanyi, Braudel betrachte ich sie als Produkt des gleichzeitigen Funktionierens der mittleren und der oberen Schicht. In Konkurrenz stehen die Staaten ebensosehr wie die Unternehmen, denn der Kapitalismus ist nicht vom modernen Staat zu trennen; sie haben gleichzeitig Gestalt angenommen und sich entwickelt und bestimmen zusammen die Strukturen der Akkumulation. In diesem Sinn schreibt Arrighi, daß zwar der Territorialismus dahin geht, die von einem Teilkapitalismus (einer Komponente des Weltsystems) dominierte Sphäre auszudehnen, daß aber zugleich andere Handlungsweisen gestatten, die Akkumulation in einer begrenzten Zone zu verdichten (u.a. durch Kontrolle des Handels, Kontrolle der technologischen Innovation, militärische Überlegenheit,

[19] Die tributären Kulturen, einschließlich der mittelalterlich-europäischen Kultur(en).

kulturelle Ausstrahlung, Monetarisierung). Die variable Kombination dieser beiden Operationsweisen der Akkumulation erklärt, weshalb kleine Staaten (die italienischen Städte, die Niederlande) einen großen Platz im Weltsystem einnehmen konnten,[20] weshalb große Staaten nicht so weit gelangt und sogar oft zusammengebrochen sind, während die Hegemonie der Ausnahmefall derer bleibt, die beides wirksam verbunden haben. Wie Vergopoulos schreibt, ist das, was nach Konkurrenz zwischen Firmen aussieht, großenteils eine Konkurrenz zwischen den nationalen Systemen, von denen der Aufschwung dieser Firmen ausgeht (diese Systeme sorgen für die produktiven Kapazitäten, die durch den Ausbildungsstand der Arbeitskräfte und vieles andere bestimmt werden; ohne sie gäbe es die kommerzielle Wettbewerbsfähigkeit nicht).

Ökonomisches und Politisches sind nicht zu trennen. Das Alltagsgeschehen bekräftigt das mehr als augenfällig. Man kann sich z.B. Japan kaum als Hegemon vorstellen, trotz der Effizienz seiner Unternehmen; es bleibt militärisch verwundbar und ohne kulturelle Ausstrahlung. So sah man, wie Japans Finanzüberhang als Kredit in die USA ging, die den Schuldendienst dann ab 1985 in abgewerteten Dollars leisteten; die Operation lief auf eine enorme Entnahme hinaus, auf den Transfer jenes Überhangs zum Konkurrenten Japans (Arrighi). So sieht man auch, wie die defizitäre Außenwirtschaftsbilanz der USA die Kapitalüberhänge im Weltmaßstab absorbiert und die Mittel versiegen läßt, welche die Nationen der Dritten Welt vergebens auf sich zu lenken versuchen, um sie an ihrer Eigenentwicklung zu beteiligen. Man sah sogar, wie die reichen Ölscheiche am Golf gezwungen wurden, ihre militärische Eroberung durch Washington zu finanzieren! Diese Länder haben wenig Aussicht, ihre auf ausländischen Märkten angelegten Gelder je zurückzuerhalten. Die USA haben dagegen während der beiden Weltkriege ihre finanzielle Stellung umgepolt; indem sie sich faktisch die Guthaben ihrer Konkurrenten (Britannien, Frankreich u.a.) aneigneten, wurden sie Gläubiger statt Schuldner.

Das Weltsystem wird also durch diese zwischenstaatlichen Verhältnisse ebensosehr strukturiert wie durch das Spiel der kommerziellen Konkurrenz zwischen Firmen, tendenziell vielleicht sogar immer mehr. Wurden die früheren Währungssysteme, wie der Sterlingstandard, großenteils von der privaten Hochfinanz gesteuert, so stellt Bretton Woods die »Geldproduktion« unter Kontrolle von auch international (im IWF) vernetzten Regierungsämtern, die wiederum vom Federal Reserve Board »behütet« werden. Zwar kann diese Bewegung

[20] M.E. haben sie jedoch nie eine Hegemonie besessen.

zunehmender Etatisierung auch rückläufig werden wie seit den Jahren 1968-1973, wo die Eurodollars die Finanzflüsse wieder verselbständigen und das Vorspiel zu der großen Reprivatisierung geben, mit der ab 1980 die jetzige Monetarisierung anläuft. Aber wie kann man übersehen, daß diese Umkehrung einer politischen Schwächung der USA entspricht, deren Niederlage in Vietnam die Dritte Welt ermutigt, zur Offensive überzugehen, siehe das berühmte Beispiel der OPEC? Wie kann man auch übersehen, daß der Erfolg der amerikanischen Gegenoffensive zur Wiederherstellung ihrer Hegemonie großenteils auf ihrer militärischen Überlegenheit beruht?[21] Dank dieser Überlegenheit gelang es den USA, trotz ihrer nachlassenden kommerziellen Effizienz den Dollarstandard durchzusetzen.

Die Beziehung zwischen Firmen und Staaten ist jedoch nicht linear, sie funktioniert in beiden Richtungen, in bestimmten Phasen vorwiegend in der einen, in anderen entgegengesetzt. Im Imperialismus der Leninschen Epoche sind die »Monopole« tatsächlich in mancher Hinsicht Expansionsinstrumente der Staaten, wie später die amerikanischen Multinationalen nach dem Zweiten Weltkrieg. In der jetzigen Phase, etwa seit 1970, emanzipieren sich diese Firmen dagegen von den Staatsgewalten und nehmen deren Interventionen die Wirkung. Ist das ein Strukturmerkmal der neuen Globalisierung, das sich verfestigen kann, oder ein konjunkturabhängiges Krisenmerkmal?

Die Institutionalisierung der Organisation des Weltsystems ist nichts ganz Neues. Ich teile hier den allgemeinen Standpunkt der Weltsystemschule, die darin einen Wesenszug des historischen Kapitalismus sieht.[22] Diese Institutionalisierung macht seit dem Westfälischen Frieden ständig Fortschritte. Er fixiert 1648 die ersten Regeln; erneuert werden sie vom Wiener Kongreß (1815) sowie mit dem Vertrag von Versailles (1919), dem die Gründung des Völkerbunds folgt; schließlich und vor allem wird die UNO geschaffen (1945). Wird der Prozeß durch Inkohärenz der Politiken gestört, die sich in der Krise noch zuspitzt wie jetzt seit 1980, dann zeigen sich sofort Versuche, diese Inkohärenz zu überwinden. Hat die G 7 nicht diese Aufgabe? Allerdings sind die Funktionsstörungen nach meiner Analyse des Krisenmanagements derart stark, daß dieses Instrument der Herausforderung nicht gewachsen scheint.

---

[21] Zeigen die Europäer nicht Tag für Tag seit dem Erfolg des Golfkrieges und dem sowjetischen Zusammenbruch, daß sie ohne die USA nichts ausrichten können, weder in Jugoslawien noch in der Ex-UdSSR oder selbst in Somalia?

[22] Ich nenne ihn den real existierenden Kapitalismus, im Gegensatz zum idealtypischen Kapitalismus des Ideologisch-Imaginären.

Die Periode nach dem Zweiten Weltkrieg ist offensichtlich nicht homogen. Achtet man auf das Wachstumstempo, so teilt sie sich in eine Aufstiegsphase (1945-1968) und eine anhaltende Krisenphase (seit 1971). Auffallend ist der Transitionsabschnitt von 1968 (politisches Hauptereignis) bis 1971 (Aufhebung der Goldkonvertibilität des Dollar). Die Monetarisierung startet später, um 1980, in Verbindung mit einer von Reagan und Thatcher eröffneten politischen Transformation. Eine weitere Zäsur bilden die Jahre 1985-1990 (Zusammenbruch des Sowjetismus); desgleichen markieren die Jahre 1975 (Dritte-Welt-Projekt einer »neuen internationalen Ordnung«) bis 1982 (Ausbruch der ersten Finanzkrise der Dritten Welt in Mexiko) das Ende des Bandung-Projekts und den Start der Offensive zur erneuten Kompradorisierung der Peripherien. Der genaue Status dieser Wendezeitpunkte ist m.E. noch schwer zu präzisieren; die Ereignisse liegen zu nahe, als daß man ihre tiefere Bedeutung aus genügendem Abstand erblicken könnte. Definieren sie das Ende einer langen Phase (1800-1950)? Oder nur den Übergang von einer Unterphase zur anderen? Das Urteil über mögliche Zukunftsaussichten wird davon abhängen, wie man diese Fragen anhand der Analyse der Krise und ihres Managements beantwortet.

2. Die »kontrollierte« Globalisierung des Zeitraums 1945-1990 ist jedenfalls heute vorbei, weil die Akkumulationsphase, die ihr unterlag, ausgelaufen ist.

An anderer Stelle habe ich etwas eingehender zu analysieren versucht, über welche Vorgänge die Erosion, dann der Zusammenbruch der drei Stützpfeiler jener verflossenen Akkumulationsphase in die jetzige Krise geführt hat. Dabei hielt ich es für geraten, die neuen Merkmale des in Globalisierung (statt Internationalisierung) begriffenen Produktionssystems und den daraus folgenden neuen Widerspruch zu betonen. Er entsteht, weil der neue Akkumulationsraum globalisiert wird, während die Räume seiner politischen und sozialen Verwaltung durch die politischen Grenzen der Staaten beschränkt bleiben.

Es ist nicht gesagt, daß eine ungebremste ökonomische Globalisierung, wie von der extremen neoliberalen Ideologie propagiert, sich durchsetzen und die Widerstände des Politischen so überwinden kann, daß letzteres sich ihr beugen muß (oder »anpassen«, wie es heißt). Ich behaupte vielmehr, daß diese neue Form der ökonomistischen Utopie des Kapitalismus zum Scheitern verurteilt ist. Da also die ungebremste Globalisierung, wie sie die bestehenden Mächte durchzusetzen suchen, nicht die Bedingungen für ein neues Akkumulationssystem schaffen kann, reduziert sie faktisch die Wirtschaftspolitiken auf den Status des Krisenmanagements. Ich habe vorgeschlagen, all die angewandten »Rezepte« – uferlose Liberalisierung, finanzielle Globalisierung, flottierende Kurse, hohe Zinssätze, defizitäre USA-Außenwirtschaftsbilanz, Außenverschuldung der Süd- und Ostländer, Privatisierungen – als vollkommen kohärentes Ensemble von Maßnahmen des Krisenmanagements anzusehen: Es bietet den Überhangkapitalen, die kein rentables Anlagefeld im Produktionssystem und seiner Expansion finden, das Feld der finanziellen Anlagen, so daß die massive Entwertung dieser Kapitale vermieden wird. Es handelt sich also um einen Prozeß massiver Monetarisierung, wo der Vorgang G-G' als Ersatz für den steckengebliebenen Vorgang G-P-G' auftritt.

Die gegenwärtige Monetarisierung ist also abermals Anzeichen einer Krise der Akkumulation, aber nicht deren Lösung. Doch wegen ihres umfassenden Charakters, der das Weltsystem in seinen sämtlichen Segmenten betrifft, erhält die Monetarisierung eine neue, nie dagewesene Dimension. Was für eine Zukunft könnte sich damit hinter diesem Rauchvorhang abzeichnen? Was für ein neues Akkumulationssystem wird Platz greifen – oder auch nicht? Wir sind hier auf einem Gebiet, wo fast alle Annahmen möglich, alle Szenarios vorstellbar sind; so ungewiß ist die Zukunft, so brüchig das wenige Wissen vom Umbau der Welt. Die Zukunft der Globalisierung bleibt eine große Unbekannte.

Drei Methoden lassen sich nutzen, werden auch genutzt, um diese ungewisse Zukunft zu erkunden.

- Die erste, heute in Mode, stützt sich auf die Chaostheorien. Zweifellos haben die Fortschritte in der Mathematik der nicht stetigen Funktionen gezeigt, daß minimale Abweichungen in den Ausgangsgrößen solcher Funktionen im weiteren womöglich zu Riesenunterschieden anwachsen. Die Entdeckung widerspricht der spontanen Anschauung, daß kleine Anfangsdifferenzen nicht sehr verschiedene Evolutionen generieren können. Die Chaosfunktionen erklären Naturvorgänge, die sich vorher nicht fassen ließen. Interessieren diese Entdeckungen auch die Sozialwissenschaften? Gewiß könnten derartige Funktionen helfen, ökonomische und soziale Teilphänomene, die anderen naturwüchsigen Vorgängen stark ähneln, zu analysieren. Spekulative Märkte zeigen z.B. analoge oder nahekommende chaotische Verhaltensstrukturen. Aber ich halte zu der philosophischen Ansicht, daß die Gesamtbewegung der Gesellschaft nicht mit einer Begrifflichkeit nach diesem Muster untersucht werden kann. Die Philosophie der Geschichte und mit ihr der historische Materialismus bleiben unersetzlich.
- Die zweite Methode nutzen die Kapitalismushistoriker, namentlich aus der Weltsystem-Richtung, die bald die Wiederholungen, bald die Flexibilität dieses Systems, bald – im allgemeinen – beides hervorheben. Ich habe da Vorbehalte, weil ich eher betone, was nach jedem Wendezeitpunkt an qualitativ Neuem auftritt.[23] Fakt ist nun, daß noch nie die Zukunft richtig vorausgesagt werden konnte, als man sich an entscheidenden Wendepunkten befand; die erscheinen ja erst im nachhinein als solche. War zu erwarten, daß ein Kaufmann von Venedig Anno 1350 diese Frage beantworten konnte: Bauen Sie den Kapitalismus auf?

Wenn also 1990 (oder 1980) wieder ein Wendezeitpunkt war, und das ist mein Eindruck, nicht mehr, dann scheint es doch schwierig zu wissen, wie sich die Welt nach diesem Datum gestalten wird. Man muß es dennoch versuchen, weil das aktive Gestalten der Zukunft, das eigentlich Menschliche, das gebietet – auf die Gefahr hin, sich zu irren.

■ Ich verwende dazu eine Methode, die ich weiter für »nicht überholt« halte, jene des historischen Materialismus. Aus der Untersuchung der Phase 1945-1990 ziehe ich den Schluß, daß die alte Form der Polarisierung (der 1800-1950 dominante Kontrast industrialisierte Zentren/ nichtindustrialisierte Peripherien) mit der Industrialisierung der Peripherien in Ost und Süd, so ungleich sie auch war, allmählich weggefallen ist. Dieser qualitativen Transformation gemäß mußte das globalisierte Wertgesetz, das für die Phase 1800-1950 definiert war, revidiert werden. Das geschah durch die Angabe eines neuen Operationsrahmens, nämlich der fünf Monopole, als Grundlage der neuen Polarisierungsformen (Monopole der Finanzen, der Technologie, der Kontrolle über die Ressourcen der Erde, der Medien, der Massenvernichtungswaffen; s. o.)

Dabei ist nicht gesagt, daß die neue Struktur eines polarisierten Weltsystems wirklich durch effiziente Handhabung dieser fünf Monopole konstruiert werden kann. Hier wirken all die Zukunftsprobleme ein, die mit dem Umbau (oder Abbau) der Ex-UdSSR, dem Aufschwung Ostasiens (vor allem Chinas), der Stagnation der westlichen Welt und ihrer Anhängsel in Amerika und Afrika, dem Umbau (oder Scheitern) der Europäischen Union zusammenhängen.

Ich will hier weder auf das Ensemble der Evolutionen eingehen, die das Nachkriegssystem in die Krise führten, noch auf die unterschiedlichen Interpretationen dieses Geschehens.[24] Um nur kurz daran zu erinnern, was mir als solider Ertrag der Denkarbeit über die wichtigen neuen Züge des Nachkriegssystems erscheint, führe ich hier an:

---

[23] Das Wiederkehren erweist sich dann nur als Anschein, oft als falscher Schein; ich bin deshalb gegen die Idee von »Zyklen«.

[24] Ich verweise den Leser lieber auf einige Hauptwerke zum Thema, so namentlich auf François Chesnais, *La Mondialisation du capital* (Paris, Syros, 1994), Giovanni Arrighi, *The Long XXth Century* (London-New York, Verso, 1994), Michel Beaud, *L'économie mondiale dans les années 80* (Paris, La Découverte, 1989), und auf die Artikel von Kostas Vergopoulos. Ich teile die Gesamtsicht dieser Arbeiten so sehr, daß es unnütz wäre, die Argumente zu wiederholen, und füge nur meine einschlägigen Arbeiten hinzu: *L'Empire du chaos*, *La gestion capitaliste de la crise*. Der Gegenstandpunkt, die Verteidigung der Monetarisierung, ist in der dominanten Literatur bis zum Überdruß entwickelt. Als einziges Werk aus dieser Rubrik nenne ich wegen einer klugen Argumentation, die reale, nicht zu umgehende Fragen aufwirft, Olivier Pastrés Buch *Les nouveaux piliers de la finance* (Paris, La Découverte, 1992), ergänzt durch einige Artikel von Michel Aglietta.

Erstens: Die unbestreitbare Vertiefung der Interdependenz, die nicht nur, über den Handelsaustausch hinaus, die Organisation der Produktionsprozesse, sondern auch vorher davon entfernte Gebiete wie Dienstleistungen erfaßt. Dabei verlieren zwar die nationalen Produktionssysteme, die einst Konstruktionsbasis des historischen Kapitalismus waren, tendenziell ihren Zusammenhalt; jedoch wird dieser, wie Vergopoulos bemerkt, bei weitem noch nicht durch den Zusammenhalt eines globalisierten Produktionssystems ersetzt. Daher muß klarwerden, daß die Globalisierung in ihrer heutigen Art brüchig und verletzlich bleibt. Bekommt man ihre Evolution nicht durch Einführung eines sozial fortschrittlichen Rahmens, der auf allen Ebenen, von der nationalen bis zur weltweiten, effizient und kohärent wirksam werden kann, in den Griff, so werden Regressionen aller Art nicht nur möglich, sondern auch wahrscheinlich. Weit entfernt, etwa zu einem integrierten Superimperialismus à la Kautsky zu führen, schürt die Globalisierung potentielle Konflikte durch Abbau und Umbau der Landschaften, in denen sich Staaten und Firmen auseinandersetzen. Man darf fragen, ob der Kapitalismus dieser Herausforderung gewachsen sein kann.

Zweitens: Das Auftauchen neuer Formen der Unternehmensorganisation im Verhältnis zum ökonomischen Umfeld. Vielförmige Zuliefererbeziehungen und das Leasing bereicherten die Palette der Firmenstrategien wie noch nie. In der späteren Nachkriegsphase, mit Krise und Monetarisierung, verwischte diese Transformation des Potentials an strategischen Optionen der Firmen den vorher deutlichen Unterschied zwischen Finanz- und Industrie-Akteuren. Die Firmen entwickeln gemischte Produktions- und Finanzstrategien. Das ist eine Hauptform dessen, was ich generalisierte Monetarisierung nenne.

Drittens: Die Tendenzen, welche die genannten qualitativen Evolutionen auslösen, wirken als starke Ausschließungskräfte. Sie führen zu Ausgrenzungen selbst in den reichsten Gesellschaften (Gesellschaften »mit mehreren Geschwindigkeiten«) und im Weltmaßstab zur Ausgrenzung ganzer Kontinentalbereiche des Weltsystems (Abdrängen Afrikas in die »Vierte Welt«).

Auf diese neuen Herausforderungen gaben die dominanten Mächte nur Antworten, die die negativen Konsequenzen verschärfen. Mit der Erosion der drei Modelle lokaler und weltweiter Marktregulierung aus der Nachkriegszeit entstanden wieder die Bedingungen dafür, daß das dominante Kapital die einseitig-utopische Logik der »Verwaltung der Welt als Markt« durchzusetzen versucht, und zwar mit all den Deregulierungspolitiken, die jetzt im Schwange sind. Wie schon gesagt, wird die Globalisierung genutzt, um die in jahrhundertelangen sozialen Kämpfen geschaffenen nationalen Gesellschaftsverträge abzubauen, ohne sie durch einen Vertrag von weltweiter oder auch regionaler Reichweite (z.B. im EU-Maßstab) zu ersetzen.

Wie ich[25] und andere, z.B. Chesnais, zur Genüge beschrieben haben, führte diese Antwort, die keine ist, in die globale Monetarisierung. Die Depression äußert sich im gigantischen Anwachsen eines Überhangs von Kapitalen, die in der Expansion des Produktionssystems keine rentable Anlage finden. Das große, vielleicht ausschließliche Anliegen der etablierten Mächte ist nun, dafür finanzielle Anlagefelder zu suchen, um die Systemkatastrophe massiver Kapitalentwertungen zu vermeiden.[26] Die globale Monetarisierung zieht jedoch in eine ausweglose Abwärtsspirale hinein. Durch seine Eigenbewegung ermöglicht das System dem Finanz- und Rentierskapital, sein Partikulärinteresse gegen alle Allgemeininteressen zu behaupten, koste es was es wolle für die Volks- und Weltwirtschaft. Von der lokalen bis zur Weltebene phantastisch zunehmend, zeigt die Ungleichheit der Einkommensverteilung, die durch wachsende Entnahme der Finanzrente aus einem relativ stagnierenden Produkt entsteht, die ganze Irrationalität des Systems.

Sind die zur »Schadensbegrenzung« empfohlenen Gegenfeuer wirksam?

Das wichtigste Gegenfeuer scheint die Regionalisierung zu sein, deren Tugenden von den Medien in Mode gebracht werden, sei es die unumgängliche Europa-Konstruktion, seien es andere Initiativen (NAFTA, Asien-Pazifik-Projekt usw.). Ich habe eine kritische Lesart dieser Projekte vorgeschlagen. Das Europa-Projekt scheint mir jetzt in eine Turbulenzzone zu geraten, die sein Vorankommen in Frage stellen könnte, und das nicht nur wegen des inneren Ungleichgewichts, das durch die Vereinigung Deutschlands entstand, sondern auch und vor allem, weil es nach dem Konzept der Rechten nur auf einen integrierten Markt ohne soziale Dimension ausgeht, so daß im EU-Maßstab kein Äquivalent für die nationalen historischen Kompromisse von Kapital und Arbeit zustande käme. Desgleichen habe ich kritische Lektüren von Projekten zur Integration durch den Markt in anderen Weltregionen empfohlen. Die Zukunft ist also sehr ungewiß.

3. Nach Alternativen in dieser ungewissen Zukunft auszuschauen, sei der Schluß dieser Debatte über die Globalisierung. Dafür ist m.E. die eingangs gestellte zentrale Methodenfrage aufzugreifen, die Frage nach dem Wertgesetz und dem Verhältnis zwischen dem ökonomischem Gesetz des kapitalistischen Systems und seinem politischen Funktionieren.

---

[25] Siehe *La gestion capitaliste de la crise*.

[26] Wie schon gesagt, sehe ich darin den Sinnzusammenhang all der national und weltweit betriebenen Politiken: der Privatisierungen, der Deregulierungen, der hohen Zinssätze, der flottierenden Wechselkurse, der systematisch defizitären USA-Außenwirtschaftspolitk, der Verschuldung der Dritten Welt usw.

Das Wertgesetz, ob auf der höchsten Abstraktionsstufe oder auf jener seiner globalisierten Form betrachtet, operiert in der Mittelschicht der Braudelschen Einteilung (d.h. im Rahmen des Marktes). In Marx' Begriffsgut definiert es die Dominanz des Ökonomischen; es ist hier nicht vom Sozialen, Politischen und Kulturellen getrennt, dominiert sie jedoch. Das Wertgesetz bestimmt, wie schon gesagt, nicht nur das Wirtschaftsleben, sondern alle Aspekte des sozialen Lebens der kapitalistischen Welt. Es hat seine Wurzeln in der Elementarschicht (nach Braudel), die es zurichtet, und seine Projektionen in der oberen Schicht der Macht. Aber Domination einer Instanz bedeutet nicht Beseitigung der anderen. Sonst wäre die Welt wirklich auf »den Markt« (oder auf die Firmen und den Markt) rückführbar, wie die vorherrschende Ideologie meint und empfiehlt. Das Preissystem, das die Reichtumsverteilung steuert, fällt notwendigerweise nicht mit dem System der Werte zusammen. Das nicht nur wegen Unvollkommenheiten des Marktes, sondern wesentlich wegen der Interferenz Markt – Macht, mittlere Schicht – obere Schicht, ökonomische Instanz – politische Instanz. Weil diese Dialektik sie nicht interessiert, gehen alle eingefleischten Empiristen über den Wert hinweg, möchten sie darin nichts weiter sehen als Nebel, der die einzig kennenswerte Realität verhüllt – den unmittelbaren Anschein.

Arrighis Buch bietet uns schlagende Beispiele für die Distanz zwischen Wertproduktion und Reichtumsverteilung in der Geschichte. Er schält das System heraus und macht so begreiflich, weshalb und inwiefern das industrialisierte Deutschland dem finanziellen England seine Opulenz nicht so nehmen konnte, wie zuvor die italienischen Städte und die Niederlande den Reichtum der Welt an sich gerissen hatten, wie später die USA den Offensiven Japans erfolgreich entgegentraten usw. In einer Studie zur Globalisierung der Schuhindustrie zeigen Grefferi und Korzeniewicz, daß den Herstellern (nach der Verlagerung) nur ein Bruchteil dessen zufließt, was die »Marktführer« – die Fabrikmarken, die in der Zirkulation dominieren – an sich ziehen. Ein gutes Beispiel für die Distanz zwischen der von den Herstellern geschaffenen Wertverteilung und der von Preisen, Profiten und Renten gesteuerten Reichtumsverteilung! Ich selbst habe in meiner Analyse der »Zukunft der Polarisierung« geäußert, daß die fünf Monopole des Zentrums (Technologie, Finanzen, Zugang zu Ressourcen, Kultur, Waffen) die Industrialisierung der Peripherien letztlich auf verschärfte Polarisierung der Reichtumsverteilung münden lassen könnten. Nun sind die betreffenden fünf Monopole offenkundig Erscheinungsformen der Macht – politisch und sozial, kulturell und ideologisch – und nicht des Marktes.

Ich will also die Zukunftsmöglichkeiten anhand dieses Begriffssystems prüfen, das m.E. die Hauptsache am (nicht ökonomistischen) historisch-materialistischen Ansatz ist. Möglich wären danach zwei extreme Szenarios oder, genauer gesagt, zwei Familien von Szenarios mit je einer Skala diverser Modalitäten. Natürlich wären auch Mischformen möglich und in der Realgeschichte am wahrscheinlichsten.

Das schlechte Szenario wäre das Weiterlaufen des dominanten Systems, wie es ist oder fast so, mit nur partiell korrigierenden Varianten. Hauptmerkmal ist hier, daß sich die Unternehmen (das Kapital) von der Macht emanzipieren und sie instrumentalisieren oder zumindest neutralisieren könnten. Arrighi verweist darauf, daß die heutigen Multinationalen die staatlichen Gesetze ebenso umgehen, wie die Marktbeziehungen auf den Messen des Mittelalters über die lokalen Feudalgesetze hinweggingen. Ich glaube für mein Teil, daß solch eine Ordnung nicht von Dauer ist, weil sie nur Chaos erzeugt[27] und sich so verheerend auswirkt, daß genügend starke soziale Reaktionen ihr ein Ende setzen werden.

In polemischer Intention übernehme ich daher Arrighis Worte: Wenn dieses Management ganze Kontinente ausgrenzen, wenn es die Mehrheit der Menschheit ins Elend drängen soll, wer ist dann überflüssig (*»redundant«*), die Völker oder die Gesetze des Kapitals?

Die Modalitäten eines solchen Dauerchaos-Schemas sind leicht vorstellbar: Rückfall auf die Triade (Nordamerika, Europa, Japan) und die generalisierte Apartheid, von Zeit zu Zeit aufgepeppt mit Genoziden, um die Ordnung zu erhalten, den Reichen Sicherheit zu verschaffen und ihre Festungen zu schützen. Aber wäre nicht selbst in diesem Extremfall die Triade reif zur Selbstzerfleischung? Eine Art ständiger Hegemonie – und vorstellbar ist nur jene der USA – wäre nötig, um Konflikte innerhalb der Triade und selbst das Wiederaufflammen innereuropäischer Konflikte zu verhindern. Die Regel »Jeder für sich« schafft von allein nicht Kompromiß und Harmonie, sondern eher das Gegenteil. Das hier skizzierte Schema war Reagans Traum. In Rekordzeit scheint es sich überlebt zu haben: eine kurzlebige »Belle Epoque«, wie Arrighi schreibt.

Als Modalität wäre in diesem Rahmen möglich, daß sich der Okzident in diesem illusorischen Komfort auf Zeit einrichtet, während Ostasien, etwas abseits von jener ungereimten Form ausgrenzender Globalisierung, weiter voranschreitet. Zu diesem Ostasien rechnet vielleicht auch ein »zu den Quellen zurückgekehrtes« Japan, das, auf seinen technologischen Vorsprung bauend, wieder China und einige andere industrialisierte Länder der Region an sich binden könnte. Oder Japan bliebe in der Sphäre in der westlichen Triade, während China weiter voranschreiten würde, ohne sich in die japanische Sphäre einzufügen. Was das USA-Projekt angeht, die einen wie die anderen (Japan, Korea usw.) in

[27] Siehe *L'Empire du chaos.*

ihre neuerdings zum Asiatisch-Pazifischen Raum erhobene Sphäre zu integrieren, so wird es nichts bleiben als ein frommer Wunsch und faktisch nur als zusätzliches Scheidemittel zwischen China und Japan wirken. Wohin würde in allen diesen Fällen die neue Industrialisierung Asiens führen (außer in Ostasien auch in Südostasien und Indien)? Wir stoßen hier wieder auf das Wertgesetz, die fünf Monopole und die neue Polarisierung, wenn dieses Asien im globalisierten System verbleibt. Oder es löst sich – relativ – von ihm, d.h. es koppelt sich in dem Sinn ab, den ich diesem Ausdruck gegeben habe. Nicht unmöglich.

Diese Schemata würden jedoch sämtlich so viele Menschen leer ausgehen lassen, daß die Solidität der vorgesehenen Strukturen zweifelhaft wird. Die Afrikaner, die Araber und die Muslime, die Lateinamerikaner dürften wohl eines Tages die Mittel finden, wirksam daran zu erinnern, daß es sie gibt. Die Europäer und die Nordamerikaner, die in der Geschichte nicht bloß Statisten waren und denen Tatkraft wie Hochherzigkeit nicht mangeln, werden sich m.E. ebensowenig in das Los schicken, das das Schema eines neuen Mittelalters ihnen und vor allem ihren Volksklassen bereiten würde: den unvermeidlichen schrittweisen Ausschluß vom Komfort. Aber wenn die Linke nicht zur Stelle ist, um sie mit einem glaubwürdigen, machbaren Etappenprogramm zu mobilisieren, kann ihre Revolte sie nach rechts abdriften lassen, zu einem Neofaschismus. Das ist ihnen in der Geschichte auch schon geschehen.

Nicht zu umgehen ist also die politische Frage nach den Etappenstrategien, die angesichts der Herausforderung entwickelt werden müssen. Globalisierung bedeutet auch: Wenn das Problem global ist, muß die Lösung global sein. Das anzuerkennen, ist das eine; etwas ganz anderes ist es, sich den Ansprüchen der Globalisierung in der sich aufdrängenden Form passiv zu unterwerfen, weil man warten will ... auf Godot (die »Weltrevolution«?, den mirakulös vollendeten Fortschritt, den sie letztlich bringen soll?). Meine These ist einfach: Die Globalisierung geht schrittweise voran, aber je nach den Modalitäten, die ihr die sozialen und politischen Kämpfe gebieten. Sie kann demnach auf Gleise gelenkt werden, die allmählich zur Lösung der anstehenden Probleme führen, oder auf andere, die im toten Gleis und in der Katastrophe enden. Der eigentliche Sinn der politischen Strategie ist es, jeden noch so geringen Handlungsspielraum zu nutzen, um den Freiraum für künftige Optionen zu erweitern.

Könnte man in dieser Perspektive die unmittelbar bevorstehende Etappe so definieren, daß man bestimmte Aspekte des gängigen Liberalismus, ja gar der Monetarisierung akzeptiert? Ohne deswegen auf das Fernziel entsprechend der kreativen Utopie des Weltsozialismus zu verzichten? G. Arrighi und O. Pastré scheinen sich das auf verschiedene Weise vorzustellen. Ersterer pocht dabei auf das Wiederkehren von Momenten der »Liberalisierung« (als Abschwächung des staatlichen Wirkens), der Globalisierung, ja sogar der Monetarisierung, die zwar in einer Hinsicht mit einer Krise des Systems einhergehe (einer auslaufenden Akkumulationsphase), aber in anderer Hinsicht eine notwendige Transition zu einer anderen Akkumulationsphase sei. Letzterer legt den Nachdruck auf mögliche sozial fortschrittliche Umbauten, die nicht nur mit den hinter der Monetarisierung auftauchenden neuen Strukturen vereinbar wären, sondern diese auch für einen erneuerten Gesellschaftsvertrag mobil machen könnten. Ich nehme dieses dem Anschein nach liberale, aber ebenso soziale (im seriösen Sinn von sozial fortschrittlich) Argument vollkommen ernst. Pastré denkt hier – für Frankreich – an einen Gesellschaftsvertrag, der einen Rahmen für die entscheidende finanzielle Intervention der »institutionellen Investoren«[28] sowie für die Aktion des Privatkapitalismus und der öffentlichen und gemischten Unternehmen abgibt. Als Nachfolger der Gesellschaftsvertragsformen gemäß der sog. fordistischen Regulierung (Gewerkschaften, Unternehmertum und Staat) könne diese erneuerte soziale Dialektik sicheren Erfolg in der Wettbewerbsfähigkeit bringen, da sie auch der Erziehung und der Forschung voranhelfen werde.

Meinesteils hätte ich prinzipiell nichts gegen dieses Etappenprojekt einer, sozusagen, »neuen Sozialdemokratie« einzuwenden (wie jede Sozialdemokratie kann sie sich als Selbstzweck oder als Etappe zum ferneren sozialistischen Ziel verstehen). Aber ich halte es für sinnvoll, die Erfolgsbedingungen zu klären, und die sind längst nicht gegeben. Selbst im Maßstab Frankreichs – denn Gegenstand der Überlegung ist jetzt dieses Land – setzt das Projekt andere politische und ideologische Evolutionen voraus, als sie sich im gegenwärtigen Chaos abzeichnen. Soll es sich in die Europa-Konstruktion einfügen, so verlangt das Projekt analoge Evolutionen bei allen Hauptpartnern derselben. Die neue Sozialdemokratie wäre entweder europaweit oder gar nicht da. Das heißt es für mich, dem Europa-Projekt die soziale Dimension zu geben, die ihm fehlt und die es nach der spontan vom Kapital produzierten Strategie nicht haben soll. Dieser Widerspruch ist m.E. durchaus imstande, die Europa-Konstruktion in den Sand zu setzen und die an sie geknüpften Hoffnungen zunichte zu machen. Außerdem verlangt Pastrés Projekt, das die Globalisierung im Prinzip akzeptiert, zwischen Europa und den anderen Partnern des Weltsystems (USA, Japan, die riesigen Peripherien der drei Kontinente) Beziehungen zu gestalten, die seine sozial fortschrittliche Logik in ihrer Entfaltung unterstützen, statt ihre Chancen zu ruinieren. Das heißt es für mich, eine polyzentrische Welt zu gestal-

---

[28] der berühmten »Strohmänner«, d.h. der Fonds, die die Spareinlagen, die Sozialversicherungs- und Rentenbeiträge usw. verwalten.

ten, und das erfordert, die globalen Kapitalmärkte so zu reorganisieren, daß die Kapitalanlagen auf die Expansion der Produktionssysteme orientiert werden können. Die Reorganisation geriete aber in Konflikt mit den jetzt geltenden Prinzipien umgebremster Monetarisierung, die die Krise begleitet, sogar weitgehend von ihr ausgelöst wurde und m.E. nicht aus dieser herausführt, sondern die betreffenden Widersprüche noch verschärft. Jene Reorganisation würde auch verlangen, für die weiter industrialisierten Peripherien offenstehende Marktanteile auszuhandeln. Sie geriete damit in Widerspruch zu den Prinzipien, die im Namen des Liberalismus faktisch die bestehenden und gegen Veränderungen angehenden Monopole protegieren. Schließlich müßten die Währungssysteme reorganisiert werden, und das kollidiert, ob man will oder nicht, mit den Funktionsprinzipien der heutigen Monetarisierung (flottierende Wechselkurse, weltweit liberalisiertes Finanzgeschäft usw.). Noch einmal: Das Ensemble der Reorganisationen, die Pastrés Projekt erfordern würde, um gelingen zu können, liefe auf das hinaus, was ich Konstruktion einer polyzentrischen Welt nenne.

Weil die nötigen Reorganisationen in der Welt, wie sie ist, ungeheuer schwierig wären, glaube ich, daß der Aspekt des Krisenmanagements in der Monetarisierung über jene Dimensionen obsiegt, die eventuell zuließen, daß sie Übergangsmoment zu einer lokal und global sozial fortschrittlicheren Akkumulationsweise würde.

Was dann? Die Perspektive eines anderen Sozialsystems, das das geheiligte Privateigentum antastet, einer anderen Globalisierung, die keine Polarisierung bewirkt, bleibt die einzig humane Alternative. Die Vollendung des Projekts ist gewiß nichts für heute und morgen; sie könnte so fern scheinen, daß man sie leichthin als utopisch wertet. Ich bin nicht dieser Ansicht. Ich glaube sogar: Man kann schon die Hauptzüge von Politiken skizzieren, die eine erste Etappe auf diesem langen Marsch ausmachen würden. Diese Etappe nenne ich: Konstruktion einer polyzentrischen Welt und Rekonstruktion von fortschrittlichen Gesellschaftsverträgen, die einen Rahmen für die Lenkung des Marktes setzen. Es handelt sich um eine erheblich andere Sicht auf die »Transition zum Weltsozialismus« als in der traditionellen Perspektive der sukzessiven Internationalen.[29] Die Geschichte wird nicht einseitig vom Akkumulationsgesetz geprägt. Ihren Gang prägt der Konflikt zwischen diesem Gesetz und der Logik seiner Negation.

---

[29] Siehe das Kapitel »Für eine Strategie der Befreiung«. Siehe auch S. Amin, »Thesen zum Übergang vom Kapitalismus zum Sozialismus«, in: *Das Argument*, 4/1996.

Europa vor der Herausforderung

In Westeuropas Geschichte war die Zeit nach dem Zweiten Weltkrieg eine Glückssträhne. Seine Länder konnten in wenigen Jahrzehnten zu den USA aufholen, wie man sagt, und so die seit 1913 aufgelaufenen Rückstände gegenüber jenen vormals alleinigen Nutznießern der beiden Weltkriege überwinden. Angestammter Völkerhaß schien zu verschwinden, eine neue Generation zum Gemeinsinn demokratischen Europäertums berufen. In dieser Perspektive hat der schrittweise Aufbau der Europäischen Gemeinschaften wohl wirklich Nützliches geleistet; seine Bilanz ist unbestreitbar positiv. Dann kam »die Krise«, die historisch beispiellos hohen Wachstumsraten fielen ab, an stetig steigenden Lebensstandard war nicht mehr zu glauben, und mit einem Mal trat das wieder auf, was es 30 Jahre lang nicht gegeben hatte: anhaltende Massenarbeitslosigkeit. Nun strebt die Europäische Union, fasziniert von ihrer Erfolgsbilanz, nach rascher Osterweiterung. Wird sie den Herausforderungen, die neu auf sie zukommen, begegnen können? Unter welchen Bedingungen?

Die Entscheidungen der Nachkriegszeit und die Gründung der EG

Unmittelbar nach dem Zweiten Weltkrieg standen die Völker ganz Europas vor gewaltigen Herausforderungen, die verschiedenste Befürchtungen weckten, real begründete und illusorische. Europa war gespalten. Im ebenso gespaltenen Reich des Imaginären schien jede Hälfte die jeweils andere zu bedrohen, doch in Wirklichkeit bestand strikt keinerlei militärische Aggressionsgefahr.

Die Nachkriegszeit war eine Friedensperiode und mußte es sein. Frieden stifteten nicht etwa nur der amerikanische Nuklearschirm und das »Gleichgewicht des Schreckens« zwischen den beiden Supermächten, wie die öffentliche Meinung zu oft noch heute glaubt. Denn jenes militärische Gleichgewicht wurde erst sehr spät erzielt, seit 1970, d.h. als der Wiederaufbau seit fast 20 Jahren vollbracht war und das nachfolgende europäische Wirtschaftswunder zu erlahmen begann (was noch wenig beachtet wurde). Tatsächlich schien der amerikanische militärische Schutz manchen schon unnütz.

Wäre die Sowjetmacht darauf ausgegangen, Westeuropa zu überfallen, so hätte sie die Beweise zeitiger geliefert. Sie hat nie daran gedacht, ist sie doch seit 1917 nie von ihrer traditionell defensiven Haltung als »eingekreistes Land« abgerückt. Und Stalin, der zwar kein großer sozialistischer Demokrat, aber nicht verrückt war wie Hitler, wollte nichts weiter als ein schützendes Glacis, womit er allerdings einer bereits überholten Militärdoktrin folgte.

Die USA zielten ihrerseits auf ein eventuelles *»roll back«* als nur allmählichen Vorgang, ohne militärische Aggression, deren Gefahren auch sie abwägten. Die Vorstellung von ihrer weltweit führenden Rolle, die sie immer noch hegen, ist ebenfalls keine Ausgeburt der kriminellen und wahnwitzigen Methode Hitlers. So war es nicht überraschend, daß sich die UdSSR 1945-1947 des Beistands für die griechischen Kommunisten enthielt und Washington 1956 nicht in die ungarischen Angelegenheiten eingriff. Vom Moskauer Gängelband befreiten sich nur 1948 Jugoslawien, dann Albanien seit 1960, und zwar allein, ohne westlichen Beistand, ja ohne große Sympathie gezeigt zu bekommen.

Aber wenn schon kein Krieg, so drohten vielleicht doch »Revolutionen«, wenigstens nach Ansicht der beiden Lager, in die sich die Meinungen spalteten, und zumindest in Frankreich und Italien. Zweifellos abermals eine doppelte Illusion, wie die Geschichte zeigen sollte. Wäre aber der Wiederaufbau ins Stokken geraten, so hätte niemand sagen können, wie die Völker reagiert hätten. Sie waren damals vorwiegend antifaschistisch gesinnt und hatten die Regimes der Zwischenkriegszeit in schlechter Erinnerung; hätten sie vielleicht das für überzeugend gehalten, was ihnen als siegreich beginnender Aufbau des Sozialismus im Osten präsentiert wurde? Ich bezweifle das. Außerdem, wären sie so weit gegangen, hätten sie die lokalen konservativen Kräfte und die USA-Armeen vor vollendete Tatsachen gestellt und diese sich damit abgefunden (obwohl man weiß, daß jene Kräfte insgeheim vereinbart hatten, das nicht zu dulden und einen Sieg der Kommunisten, selbst einen Wahlsieg, per Staatsstreich zu beantworten), dann wäre dieses allzu große Geschenk für Moskau recht peinlich gewesen, denn es hätte seine Eigenvorstellung von »Sozialismus« in Frage stellen können. Im übrigen glaube ich nicht, daß all diese etwas extravaganten Hypothesen noch Beachtung verdienen. Nichts sprach gegen einen raschen und guten Ablauf des Wiederaufbaus. Und die USA, der Herausforderung bewußt, kamen ihm mit dem Marshallplan zu Hilfe.

Eine andere Befürchtung, deren damalige Bedeutung heute gern vergessen wird, war nach dem Krieg in Europa allgegenwärtig: die Furcht vor der Wiedergeburt der deutschen Industrie- und Militärmacht. Stalin brauchte sein Glacis, um ihr zu begegnen. England optierte für eine ständige, bedingungslose Allianz im Kielwasser der USA. Frankreich, dessen Großmachtstellung nunmehr der

Vergangenheit angehörte, war besonders sensibel für jene potentielle Bedrohung. Wie war sie zu umgehen? Deutschland zu zerstückeln, wurde momentan vorgesehen, dann fallengelassen. De Gaulle, der die Demütigungen eines subalternen Alliierten durchgestanden hatte, hegte gemischte Gefühle für den amerikanischen Protektor. Eine Allianz mit Moskau hingegen war riskant, sie konnte die Position der Kommunisten stärken. Die neue Idee, die sich damals Bahn brach, bestand darin, Deutschland durch Einbindung in eine europäische Konstruktion zu neutralisieren. Diese Idee traf sich mit dem Anliegen, die Demokratie jenseits des Rheins einzubürgern. Sie entsprach auch dem Interesse des amerikanischen Hegemonismus, die Märkte zu öffnen, damit er sich entfalten konnte. Um den zwar nicht auf Autarkie, aber auf starken Protektionismus gerichteten Tendenzen, die Europa in der Zwischenkriegszeit geprägt hatten, ein Ende zu setzen, sollte der Marshallplan daher den innereuropäischen Austausch intensivieren, um eine uferlose Öffnung Europas nach dem Wiederaufbau vorzubereiten. Die genau gegenteilige Entscheidung fiel ein Halbjahrhundert später gegenüber Osteuropa, denn dort mischten sich die Westmächte und die von ihnen inspirierten Organisationen sofort ein, um die im Comecom (offiziell bekanntlich RGW genannt) entstandenen Interdependenzen zu demontieren, ohne Rücksicht auf Nachteile für den »Wiederaufbau« im Osten.

Das Projekt der Europäischen Gemeinschaften entstand in diesem Ambiente. Daran war zu erinnern, damit seine spätere Evolution begreiflich wird.

An Details der Geschichte ist bekannt, daß das Europaprojekt seinen ersten Ausdruck in der Bildung der EKSG (Kohle- und Stahlgemeinschaft, 1951) fand. Mit ihr reagierte Jean Monnet auf die Furcht seines Landes vor dem Wiedererstehen des Militär-Industrie-Komplexes an der Ruhr, indem er diese deutschen Grundstoffindustrien in eine europäische Konstruktion einband. Das Parallelprojekt, die deutsche Armee durch Integration in eine europäische Streitkraft zu neutralisieren (Europäische Verteidigungsgemeinschaft), scheiterte dagegen 1954. Die wiedererstandene deutsche Armee ist allerdings bis heute noch in drei Dimensionen eingeschränkt: 1. durch Deutschlands NATO-Zugehörigkeit; 2. durch das Fehlen von Kernwaffen; 3. durch (heute angefochtene) Bestimmungen des Grundgesetzes, die Einsätze außerhalb der Landesgrenzen limitieren. Die deutsche Militärfrage erregte jedoch weiterhin Besorgnis, und gewiß hat eben diese Befürchtung de Gaulle dazu bewogen, die 1957 geschaffene Euratom zu sabotieren, statt ihrer das (französische) Atomenergiekommissariat zu unterstützen und Frankreich in den Kernwaffenklub zu befördern.

Immerhin »macht« die Detailgeschichte zuweilen große Geschichte. Der Erfolg der ökonomischen Institution (der EKSG), obschon zeitlich begrenzt, weil Kohle und Stahl die frühere Triebkraftfunktion im Wirtschaftssystem verloren, und das Scheitern der politischen Projektdimension (der EVG) haben im Verein mit dem Machtantritt de Gaulles in Frankreich die Europakonstruktion seit dem Vertrag von Rom (1957) und bis auf den heutigen Tag vorrangig auf die ökonomische Integration orientiert, während die Integration der politischen Gewalten, obwohl nicht ganz vergessen, weit dahinter zurückblieb.

Dieses Ungleichgewicht ist heute der Kern der Herausforderung an Europa. Kann man es durch beschleunigten Aufbau eines politischen Europas beheben? Will man es? Ist das wünschenswert? Ist es ohne dies möglich, das auf ökonomischem Gebiet Erreichte definitiv zu konsolidieren? Lauter Fragen, die noch behandelt werden sollen.

Die europäische Wirtschaftskonstruktion selbst verlangte Entscheidungen von längerfristiger Tragweite. Soll diese Konstruktion nur eine gefestigte Freihandelszone schaffen und sie für ein Globalsystem öffnen, das man seinerseits nach Kräften maximal offen halten würde? Oder ist sie als Struktur zu konzipieren, die von selbst auswärtigen Einflüssen widerstehen könnte, sobald diese sich als negativ erweisen (das ist nicht unbedingt die extremistische Konzeption der »Festung Europa«)? Mit anderen Worten, soll Europa Ergänzung oder Konkurrent der USA und Japans sein? Diese Wahl, die auf jeder Etappe und bei jedem großen Entschluß ansteht, wird m.E. nicht klar getroffen, und das geht auch nicht, weil Meinungsverschiedenheiten nicht nur zuweilen manche Mitgliedstaaten in Gegensatz zu anderen bringen, sondern auch in der jeweiligen Öffentlichkeit der Nationen bestehen.

Wie dem auch sei, selbst wenn der politische Teil der Konstruktion noch in den Kinderschuhen steckt und daher keinen starken Einfluß auf Entschlüsse zur ökonomischen Integration nehmen kann, setzen ökonomische Entscheidungen doch implizit dazu passende politische Optionen voraus. Hier herrscht nun sichtlich Streit zwischen der Perspektive eines politisch integrierten Europas (das eine wie auch immer benannte supranationale Macht impliziert) und der Auffassung vom »Europa der Nationen« – nach der gaullistischen Formel, zugleich dem bleibenden Standpunkt Britanniens –, die kaum mehr als eine Koordination der nationalen Politiken vorsieht. Und auch hier geht es um das »Wozu?« Europäische Macht oder Koordination der nationalen Gewalten Europas, wofür denn? Um parallel zur NATO-Perspektive in einer solidarischen nordatlantischen Gesamtheit zu verbleiben? Oder um unabhängiger Konkurrent zu werden und, ohne dies unbedingt zu sagen, die Perspektive eines europäischen Neo-Imperialismus zu wählen?

Weil es sich auf der Ebene der politischen Perspektiven nicht oder noch nicht entschließen konnte, hat sich Europa faktisch dafür entschieden, nur den Aufbau eines gemeinsamen Marktes voranzutreiben (der potentiell, aber seiner

Bezeichnung zum Trotz, noch nicht »einheitlich« ist). Es hat damit den Weg des geringsten Widerstands, den kleinsten gemeinsamen Nenner gewählt. Das war, sage ich, seiner längerfristigen Tragweite nach ein Schwenk nach rechts.

Das soll nicht heißen, es sei die Wahl der (konservativen und liberalen) europäischen Rechten im Gegensatz zur (sozialistischen) Linken gewesen. Denn das Für und Wider zum Europaprojekt zieht sich durch beide. Die nahezu absolute Ablehnung ist jetzt in der Minderheit, kann sich allerdings wieder ausbreiten. Das war nicht immer so. Bei manchen neueren Mitgliedern (den Skandinaviern) überwogen lange die Vorbehalte. Den faschistischen Rechtsextremen (die sich nicht so zu nennen wagen, aber so denken) ist die Europa-Idee fremd. Die kommunistischen Parteien waren erst grundsätzlich gegen jenes »Europa der Krämer«; dann haben sie sich darauf eingelassen, ohne ihren Anschluß aushandeln zu können. In der Rechten als Ganzer gab es immer divergierende ökonomische Interessen. Modernisierte, konkurrenzfähige Segmente des Großkapitals (in der Industrie, der Agroindustrie, dem Finanzwesen) sind fast immer für die Öffnung der Märkte. Andere Industriezweige, oft jene, deren Stern sinkt, müssen natürlich weiter auf nationale Schutzmaßnahmen hoffen können. Je nachdem, welche konkreten Fragen in Brüssel zur Diskussion standen, trat die Rechte daher immer differenziert, ja gespalten auf.

So steht es auch um die Linke. Selbst wenn sie nicht so viel Rücksicht auf unterschiedliche Unternehmerinteressen nimmt (was nicht immer zutrifft), ist die Linke doch sensibel für die Interessen der Werktätigen, die nicht minder divergieren. Werden die konkreten Umsetzungsschritte der Marktöffnung eine Angleichung nach oben fördern, indem sie quasi durch »Herabtröpfeln« (*trickle down effect*) für Lohnerhöhungen und bessere Sozialleistungen in den benachteiligten Gebieten sorgen? Oder werden sie im Gegenteil zur Angleichung nach unten drängen, weil sie vor allem in Krisenzeiten die Konkurrenz unter den Werktätigen verschärfen? Die Meinungen dazu sind immer unterschiedlich, je nach dem Wirkungsfeld und den Modalitäten der anstehenden Entscheidung. Zudem sind die ideologischen Anschauungen nie aus dem Spiel, weder bei der Rechten (wo der Nationalismus häufig ist, aber auch die Feindschaft gegen den »Kommunismus« – des Ostens – am stärksten war) noch auf der Linken (wo man grundsätzlich eher für internationalistische Ansichten, aber auch nicht frei von Nationalismus ist).

Die Fortbewegung des Projekts auf dem Weg des geringsten Widerstands gestattete also, die bloße Marktöffnung in Schwung zu bringen, wogegen dieses Europa in Angelegenheiten seiner sozialen und politischen Regelung immer zögerte, die bestehenden nationalen Strukturen anzurühren. Das wird sich bei der folgenden Untersuchung der Leistungsbilanz genauer zeigen. Nun stärkt die bloße Marktöffnung ihrem Wesen nach das Kapital und verbessert damit dessen Position in seinem antagonistischen Verhältnis zur Arbeit. Das Gleichgewicht ist nur dann zu erhalten, wenn gleichzeitig soziale Rahmenmaßnahmen für den Markt getroffen werden, die im Maßstab des erweiterten (europäischen) Marktes mindestens jene Funktionsbedingungen des Kapital-Arbeit-Verhältnisses reproduzieren, die im früheren Maßstab der begrenzteren (nationalen) Märkte gegeben waren.

Bilanz der EWG

Immerhin ist die Bilanz der EWG in bezug auf die ökonomische (und auch auf die soziale) Entwicklung bis heute unzweifelhaft positiv.

Die eigentliche Frage ist: Warum war das so? Ein dogmatischer neoliberaler Ökonom würde ganz einfach sagen, jenes Ergebnis folge aus der Öffnung der Märkte, die stets das Wachstum fördere; dieses aber komme durch das Herabrieseln (*trickle down*) der Gesamtbevölkerung zugute, den Werktätigen wie den Unternehmern. Ich halte diese liberale Doppelthese für falsch. Zum einen, zum Kausalverhältnis Markt-Expansion, meine ich, daß die Expansion die Märkte öffnet, und nicht umgekehrt. Zum anderen, zur Einkommensverteilung, behaupte ich, daß nur in der neoliberalen Einbildung etwas »herabrieselt« und daß positive Effekte, sofern sie auftreten, gegen die einseitige Marktlogik erstrittene soziale Errungenschaften sind.

Die positive Bilanz beruht also auf etwas anderem. Die wirkliche Triebkraft des starken Wachstums, das die Länder Europas nach dem Zweiten Weltkrieg aufwiesen, war der soziale Kompromiß Kapital/Arbeit, ein Produkt des antifaschistischen Sieges, der ein für die Werktätigen günstiges Verhältnis geschaffen hatte, günstiger als je zuvor in der Kapitalismusgeschichte. Dieser *Welfare State* auf den soliden Grundlagen dessen, was andere »Fordismus« nannten, entstand allgemein in Europa, und das war die Basis für das außerordentliche Wachstum der Nachkriegszeit. Die Marktöffnung war in dieser Konjunktur nicht nur leicht möglich, sondern auch ein Mittel, das Expansionspotential dieses Modells zu verstärken. Dagegen wäre in dem – jetzt schulmäßig empfohlenen – Fall einer Öffnung ohne jene aktive innere Triebkraft des *Welfare State* nahezu unvermeidlich die entgegengesetzte Wirkung eingetreten: der Niedergang der Produktionen, so wie jetzt bei der erzwungenen Öffnung im afrikanischen, arabischen und lateinamerikanischen Teil der Dritten Welt. Aber jener *Welfare State* war national, d.h. er funktionierte vermittels strikt nationaler staatlicher Politiken, die den prägenden »Gesellschaftsvertrag« von Kapital und Arbeit untersetzten. Im wesentlichen ging es darum, im nationalen Maßstab zu sichern, daß die Löhne parallel zur Produktivität anstiegen.

Wegen der Effizienz dieser nationalstaatlichen Politiken führte die Marktöffnung auch nicht zur Verschärfung, sondern zum Abbau der Ungleichheit zwischen den Ländern. Das deutlichste Beispiel ist Italien, das infolge seiner außerordentlichen Wachstumsraten in der europäischen Rangfolge aufstieg. Dank der EWG? Freilich hat die EWG zu diesem Erfolg beigetragen, weil sie nicht nur der norditalienischen Industrie den großen europäischen Markt öffnete, sondern auch die Modernisierung Süditaliens unterstützte. Hierzu leistete sie jedoch nur einen Zusatzbeitrag; den Hauptanteil hatte eine innere Umverteilung durch den italienischen Staat. Auch Spanien konnte schon vor dem EWG-Beitritt dank seiner Wachstumsraten näher aufschließen. Das zeigt die entscheidende Bedeutung der nationalen Politiken (des *Welfare State* selbst in schwächerer Version und des Fordismus) für den Erfolg, den man der EWG zuschreibt. Ohne organisierte soziale Gegengewichte und nachdrückliche staatlich-politische Unterstützung für sie hat die Öffnung der Märkte stets, statt die Ungleichheiten zu verringern, eine polarisierende Wirkung.

Außer dem außerordentlichen Wachstum, das Europa in den drei Jahrzehnten 1950-1980 erlebte, hat die EWG weitere beachtliche Leistungen zu verbuchen.

Die wichtigste ist m.E. die Gemeinsame Agrarpolitik (GAP). Durch das Abkoppeln der Agrarpreise in der Gemeinschaft (Festsetzen von über dem sog. Weltmarktniveau liegenden Interventionspreisen, so daß die Einkommen der Landwirte denen der Städter näherkamen; Protektion durch Abgaben auf Agrarimporte, um deren Preise auf EG-Niveau zu heben) schuf sich die EWG ein wirksames Instrument, das einen erstaunlichen Aufschwung ihrer Landwirtschaft gestattete und Europa nicht nur zum Selbstversorger, sondern auch zum En-gros-Exporteur machte. Der Erfolg wird jetzt problematisch, weil sich die nicht absetzbaren Überschüsse anhäufen, obwohl die Exporteure mit dem Äquivalent der Importabgaben gestützt werden. Bei dem erreichten Stand kann die EWG nun ihre Interventionspreise, wenn nötig, schrittweise senken. Zu bedauern ist, daß Europa, das hier das fundamentale Prinzip der Abkopplung praktisch angewandt hat, den Ländern der Dritten Welt das Recht abstreitet, ebenso zu verfahren!

Ein Erfolg des Europäischen Währungssystems, das die EWG vor den 1972 einsetzenden absurden Fluktuationen des Dollar schützen sollte, war seit Ende der 70er Jahre an günstigen Ergebnissen abzulesen. Der wirkliche Grund dieses Erfolgs wäre jedoch noch Thema einer notwendigen Debatte, die leider wegen der Dominanz der unsinnigen monetaristischen Modedogmen ausbleibt. Liegt er im Prinzip des Systems oder in einer Konjunktur, die parallele allgemeine Wirtschaftspolitiken (und nicht nur Geldpolitiken) in den wichtigsten Mitgliedstaaten auslöste? Persönlich neige ich zu der zweiten Erklärung. Das System bleibt ja auch instabil, wie die seit 1992 aufeinander folgenden Krisen erkennen lassen müßten. Auf diesem Gebiet hat Europa nämlich nicht, wie in der Agrarpolitik, für die Abkopplung optiert. Die weltweite Liberalisierung der Kapitalbewegungen, zu der sich Europa im Gefolge der USA bekannt hat, und der Einbruch des Wachstums in den 80er Jahren beeinträchtigen zusammenwirkend die Effizienz des gemeinsamen Schutzes der europäischen Währungen, folglich auch die Effizienz ihrer relativen Solidarität. Jene Instabilität wird die Mitgliedstaaten letzten Endes und nahezu unvermeidlich zu divergierenden Wirtschafts- und Geldpolitiken drängen. Und m.E. läge das einzige Schutzmittel gegen diese Evolution, die die Tragweite des »großen Marktes« und die Aussichten auf ökonomische Integration erheblich einschränken würde, auch hier darin, sich abzukoppeln, d.h. sich auf EWG-Ebene (sonst auf jener der Staaten) Handhaben für die Reglementierung von Kapitaltransfers zu schaffen, um die verheerenden Wirkungen der Finanzspekulation zu begrenzen.

Was Entwicklungsstand und Lebensniveau angeht, wurde die vor und kurz nach dem Zweiten Weltkrieg noch gewaltige Distanz zwischen dem mediterranen Europa (Italien und Spanien) und Nordeuropa – mit Frankreich in einer Zwischenposition und Britannien in historischem Abstieg – beachtlich verkürzt. Ist das der Europa-Konstruktion zuzuschreiben? Wie schon gesagt, sind diese Erfolge m.E. ebensosehr den wirksamen nationalen Politiken speziell Frankreichs, Italiens und Spaniens anzurechnen wie den von der Markterweiterung gebotenen Möglichkeiten. Die spezifische Politik der EWG in dieser Sache (Subventionen für benachteiligte Länder und Regionen) spielte eine Nebenrolle. Diese Subventionen, die bekanntlich Irland, Portugal, Griechenland, der Süden Italiens und der Osten Deutschlands erhalten, sind gewiß nicht unerheblich. Aber zumindest für Süditalien und Ostdeutschland werden Erfolg oder Scheitern der ökonomischen Rekonstruktion eher von den politischen Strategien und Aktionen des italienischen und des deutschen Staates abhängen. Im Fall Griechenlands ist eine positive Wirkung dieser Subventionen nicht unbedingt nachzuweisen. Sie haben vielleicht auf ihre Weise dazu beigetragen, daß das Land in der Sackgasse festsitzt, vielleicht deswegen, weil es der Gemeinschaft zu früh beitrat, ohne schon genügend wettbewerbsfähig zu sein, und daher auf subalterne Funktionen (z.B. Tourismus) abgedrängt wurde. Dieser Fall aus dem allgemeinen Problemkreis verheerender Wirkungen einer Integration peripher-kapitalistischer Regionen in die Weltmärkte könnte demnächst für die Länder des Ostens zutreffen, die es ebenfalls eilig haben, der EWG beizutreten. Die von der dominanten Ideologie genährte Illusion, daß man sich lieber in Ensembles im Umkreis von entwickelten Polen integrieren sollte, statt sich herauszuhalten, äußert sich in der oft zu hörenden naiven Rede, es könne »einem immer nutzen, von einem entwickelten Zentrum abhängig zu sein«; dabei hat die Geschichte sie grausam dementiert: Ist Haiti nicht von den USA abhängig? Außer Anschlepp-Effekten gibt es eben diese Devastationseffekte, von denen die dogmatischen Widersacher der Abkopplung grundsätzlich nichts wissen wollen.

Außerdem zeigt die genauere Betrachtung der großen Aufschwungperiode 1950-1980, daß zwar insgesamt die Ungleichheit zwischen den Ländern Europas eher abnahm, dagegen aber die regionalen Ungleichheiten in den einzelnen Staaten oft deutlicher wurden. Die EWG ist gewiß nicht schuld an diesen Evolutionen; sie entstanden naturwüchsig aus der kapitalistischen Expansion und hätten nur durch kühnere nationale Politiken eingedämmt werden können.

Trotz der Leistungen der EWG ist der einheitliche Markt noch nicht voll und ganz Wirklichkeit. Der Energie- und der Verkehrssektor folgen großenteils noch nicht der Gemeinschaftslogik, sondern nationalen und daher mindestens zum Teil widerstreitenden Logiken. Die Gemeinschaft hat jedoch den Weg eingeschlagen, sie jetzt mittels Deregulierung und Privatisierung in den einheitlichen Markt zu integrieren. Diese Optionen sind m.E. negativ, denn sie betreffen dem Wesen nach oligopolistische oder gar monopolistische Sektoren (daher die hier dominanten Nationalisierungen) und ersetzen nur die öffentlichen Monopole durch private Oligopole, ohne verbürgen zu können, daß die Eigenlogik des Privatsektors hier Ergebnisse bringt, die zur optimalen Entwicklung des europäischen Gesamtraums passen. Zu befürchten ist im Gegenteil, daß die Logik des kurzfristigen Profits hier die Ungleichheiten in der Entwicklung verstärkt. Die Alternative wäre die planmäßige Koordinierung durch die Staatengemeinschaft gewesen. Die Schuld an der leidigen Entscheidung haben die dominanten ideologischen Vorurteile und die Unterwürfigkeit der Regierungen gegenüber den Ansprüchen des Finanzkapitals, das lukrative Anlagefelder sucht.

Noch ernster ist m.E., daß Europa keine gemeinsamen Industriepolitiken entwickelt hat. Die Staaten haben das zum Teil getan, gehen aber tendenziell davon ab, um der liberalen Parole vom »Minimalstaat« zu entsprechen. In der Forschung und Entwicklung, die alle Welt heute für entscheidend hält, bleibt Europa hinter den USA und Japan zurück. Und die Gemeinschaftsprojekte, die den nationalen Defiziten abhelfen sollen, sind in Umfang und Tragweite sehr beschränkt.

Man sieht also, daß Europa trotz der positiven Bilanz der EWG noch nicht wirklich auf dem Weg ist, der über den Aufbau einer Freihandelszone (den angeblich einheitlichen Markt) hinaus zur echten, vollständigen ökonomischen

Integration führen könnte. Dazu müßte schrittweise ein europäisches Produktionssystem die Stelle der überkommenen nationalen Produktionssysteme einnehmen. Man wird sehen, daß dieses Fortschreiten, ein qualitativer Sprung, die Lösung von politischen Problemen verlangen würde, die noch kaum aufgeworfen werden.

Unter diesen Bedingungen wird man sich hüten, dem zunehmenden Austausch in der Gemeinschaft die Bedeutung beizumessen, die ihm Siegesreden zusprechen. Wahr ist, daß der innergemeinschaftliche Austausch für die verschiedenen Mitgliedstaaten von 25 bis 40% für 1960 (ähnlichen Werten wie vor 1913 und vor 1939) heute auf Anteile zwischen 50 und 60% angestiegen ist. Dieser Fortschritt bezeugt zwar eine jetzt feststehende gemeinschaftliche Präferenz, aber für sich allein noch nicht ein integriertes Produktionssystem.

Zum Abschluß dieser kritischen Präsentation der ökonomischen Leistungen der Gemeinschaft sei ihr Budget vorgestellt; es bringt Wesen, Bedeutung und Grenzen dieser Leistungen auf einen Nenner.

Das Gemeinschaftsbudget, obzwar nicht unerheblich, bleibt sehr begrenzt: 2,4% des Gesamtbudgets der Mitgliedstaaten.

Die Einnahmen stammen aus Zollgebühren (18%), wie in jeder Zollunion üblich, aus Abgaben auf Agrarimporte (3%, rückläufig wegen des Erfolgs der GAP), aus Anteilen an der Mehrwertsteuer (MWST, 51%) und aus Mitgliedsbeiträgen der Staaten nach Maßgabe ihres BIP (27%). In ihrem Streben nach fiskalischer Harmonisierung geht die EWG natürlich davon aus, sogenannte normale Wettbewerbsbedingungen zu sichern. Gemäß der dominanten Finanzdoktrin, wonach nur die indirekten Steuern in die Preisbildung eingehen, wurde daher vereinbart, die MWST als bei weitem wichtigste preisbildende Abgabe relativ zu harmonisieren, und zwar durch einen Schwellenwert von 15%; in den Ländern streuen die Sätze jedoch von 15 bis 25%. Ein Gleiches wurde dagegen, wiederum gemäß der Doktrin, bei den Einkommensteuern nicht für nötig gehalten. Diese Doktrin ist m.E. nicht sehr solide; sie müßte relativiert werden. Denn die Struktur der Einkommensverteilung, worauf die Einkommensteuer einwirkt, ist eine der Determinanten des Vektors der Preisrelationen und beeinflußt damit die Wettbewerbsbedingungen. Eine starke ökonomische Integration würde die Harmonisierung dieser Besteuerung erfordern. Aber das wird in der europäischen Öffentlichkeit längst noch nicht akzeptiert.

Die Ausgaben des Gemeinschaftsbudgets gelten der Stützung der GAP (50%), den Regionalhilfen (30%), der Hilfe für die Dritte Welt (5%) sowie der Forschung und Entwicklung (4%). Wegen des Erfolgs der GAP und der Schwierigkeiten beim Export der europäischen Überproduktion sinkt tendenziell der Anteil der Stützungen für Agrarexporte – von 80% vor noch wenigen Jahren auf jetzt 50%. Dagegen wurden die Stützungen für benachteiligte Regionen nach der deutschen Vereinigung schlagartig erhöht. Die Öffentlichkeit mehrerer europäischer Länder findet sich zum Teil schwer damit ab, daß Deutschland die Kosten dieser ausgesprochen politischen Entscheidung, die zudem seine Großmachtstellung in der Gemeinschaft festigt, nicht allein trägt. Demgegenüber sieht der Beistand für die Dritte-Welt-Länder blaß aus: ein Sechstel der in europäische Peripherien gehenden Hilfsbeträge für zehn- bis zwanzigmal so große Populationen! Bei derart mäßigem Volumen läuft das eher auf Wohltätigkeit hinaus als auf internationale Solidarität. Auf jeden Fall bleibt es unterhalb der Schwelle, jenseits derer es zum Aufbauinstrument eines euro-afrikanischen Regionalraums werden könnte. Dieser Fakt beleuchtet eine Realität, die nicht immer erkannt wird: Trotz der Assoziierungskonventionen EWG-AKP gibt es keine politische Vorstellung von den Beziehungen zwischen Europa auf der einen, der arabischen Welt, dem subsaharischen Afrika und der Dritten Welt insgesamt auf der anderen Seite. Es ist nicht einmal sicher, daß die EWG-Mitgliedstaaten – oder manche davon – eine Vorstellung von diesen Beziehungen und den daraus erwachsenden Fragen der Regionsbildung im Weltmaßstab besitzen.

Europa, eine beschränkte ökonomische Konstruktion

Die Leistungsbilanz der EWG läßt das Hauptmerkmal der Europa-Konstruktion deutlich hervortreten. Sie ist bisher strikt darauf beschränkt, einen offenen Handelsraum aufzubauen, nicht einmal einen in Integration begriffenen Wirtschaftsraum. Alle Versuche, weiter zu gehen, scheiterten bisher am Fehlen eines politischen Konzepts für Europa. Die Europäer sind sich dessen bewußt und bedauern es im allgemeinen. Instrumente für einen politischen Aufbau wurden übrigens geschaffen, wie noch zu zeigen ist. Aber man weiß bei weitem noch nicht, was damit geschehen soll. Nun wirkt das Fehlen einer politischen Vorstellung und der notwendigen entsprechenden sozialen Vision auf die bereits konstruierte ökonomische Infrastruktur ein. Denn es bleibt zu fragen, wie Europa und seine Staaten ihr(e) Projekt(e) in das ökonomische und politische Weltsystem einbringen wollen.

Die Zukunft der Europa-Konstruktion ist daher unentschieden. Die Evolution kann auf Vertiefung hinauslaufen, so daß Europa ein neues politisches und soziales Subjekt wird, aber es kann ebenso stagnieren, marginalisiert werden und sogar verfallen und die erreichte Bedeutung verlieren. Europa ist noch keine unumkehrbare historische Realität.

Jedesmal, wenn das Europa-Projekt riskieren mußte, als bedeutend erachtete Attribute der nationalen Souveränität in Frage zu stellen, hatte man daher den Eindruck, daß es an die Grenzen des Möglichen geriet. Und diese Grenzen wurden nicht überschritten. Hier seien einige Beispiele unter zweifellos vielen anderen genannt:

- Forschung und Entwicklung bleiben im wesentlichen in nationaler Verantwortung; die Übertragung an Behörden der Gemeinschaft ist eng begrenzt, ohne ausschlaggebende Bedeutung.
- Die öffentlichen Märkte sind bisher nicht wirklich für den Wettbewerb auf Gemeinschaftsebene geöffnet. Mit verschiedenen und manchmal abwegigen Mitteln verhindern die Staaten, daß die nationalen Präferenzen, die sie hier mit der Ausübung der Souveränität gleichsetzen, durch Transparenz auf diesen Gebieten in Frage gestellt werden.
- Das Handels- und speziell das Körperschaftsrecht bleibt Sache der Staaten. Und die Projekte für seine Vereinheitlichung – eine nahezu evidente Voraussetzung für das Entstehen von »europäischen« (und nicht mehr deutschen, britischen oder französischen) Multinationalen – kommen nicht über bloße Rhetorik oder akademische Studien hinaus.
- Die Film- und Fernsehproduktion wurde unter dem Titel »kulturelle Ausnahme« nicht in den Bereich des kommerziellen Wettbewerbs einbezogen. Frankreich, das die Gefahren der amerikanischen Kulturinvasion ernster nimmt als andere Länder, wurde in dieser Sache zum Vorkämpfer; es berief sich dabei m.E. zu Recht auf die enge Beziehung zwischen kultureller Unabhängigkeit und Unabhängigkeit schlechthin.

Da die Gemeinschaft kein Staat, ja bisher nicht einmal Keimzelle eines Staates ist, tritt sie den Rückzug an, sobald sich ein Souveränitätsproblem erhebt, und läßt die europäischen Staaten bald gemeinsam, bald in lockerer Ordnung den Kampf führen – oder ihm ausweichen.

Nun sind die Zukunftsprobleme der Gemeinschaft – Evolution zum wenngleich multi- und supranationalen Staatsgebilde? – um so schwerer zu identifizieren, als das Verhältnis Staat/ökonomische Integration durch die rezente Evolution der Welt (und nicht bloß Europas) ins Wanken gerät.

Bisher hat wirkliche ökonomische Integration nur in Räumen stattgefunden, die durch nationale Souveränität definiert waren. Die Entstehungsgeschichte der modernen (bürgerlichen) Nationalstaaten war die Geschichte des gleichzeitigen Aufbaus eines selbstzentrierten integrierten Wirtschaftsraums, d.h. eines nationalen Produktionssystems, und eines nationalen politischen Systems (z.T. mit mehreren Nationalitäten). Diese Konkordanz lieferte das »Modell«, dem die später zur Modernität oder zur Unabhängigkeit gelangten Länder nachstrebten. Die scheinbaren Ausnahmen bestätigen die Regel. Die Kolonialimperien waren hierarchisch organisierte Räume im Umkreis der selbstzentrierten Metropole; und wenn die USA und Kanada heute einen fast perfekt integrierten Raum bilden, liegt das an dem Ungleichgewicht zwischen beiden, worin sich Kanada faktisch als auswärtige Provinz der USA behandeln läßt. Die »Hegemonien«, ob regional (wie der USA in Lateinamerika oder Europas in Afrika) oder weltweit (wie Britanniens im 19. Jahrhundert oder der USA nach 1945), operieren bei weitem nicht in integrierten Wirtschaftsräumen; sie organisieren die Rangordnung der zum System gehörenden Regionen.

Manche behaupten, weil diese Konkordanz von Staat und integriertem Wirtschaftsraum jetzt zunehmend überholt sei, würden wir künftig integrierte Wirtschaftsräume erhalten, die sich nicht als Staat konstituieren bzw. sich als Konstellation von Staaten im Umkreis einer Macht organisieren, deren Führungsrolle – um nicht sogar von Hegemonie zu reden – sie anerkennen. Europa liefere das Exempel dieser gegenwärtigen Evolution. Es werde sich zur ökonomischen Ganzheit integrieren, heißt es dann (wenigstens als wünschenswertes und mögliches Streben), ohne daß sich ein Gemeinschaftsstaat konstituiere oder daß auch nur die Führungsrolle eines Mitgliedstaates (der nur Deutschland heißen könnte) akzeptiert werde. Andere sehen, daß die Konkordanz Staat/integrierter Wirtschaftsraum Gebot bleibt und daß Europa daher entweder seinen gemeinschaftlichen Staat bilden oder die Formel des »deutschen Europa« akzeptieren oder auseinanderfallen wird.

Beide Schulen gehen davon aus, daß die Vertiefung der Globalisierung zwangsläufig zum Abbau der nationalen Produktionssysteme führt, daß der Aufbau eines globalisierten Produktionssystems – evtl. über die Etappe regionalisierter Teilräume, die Systemkonstituenten werden könnten – notwendig und unvermeidlich ist, daß man diese Evolution politisch und sozial regulieren muß und daß sie im übrigen wünschenswert ist. Sich gegen diese Bewegung zu stemmen, hieße sich an eine abgelaufene Vergangenheit zu klammern und sich dem Fortschritt zu verweigern, mit all den generell dramatischen Folgen, die solche zum Scheitern verurteilte Strategie nach sich zöge. Wird gleichzeitig das »deutsche Europa« abgelehnt, so würde damit akzeptiert, daß die Globalisierung als diffuse Ausbreitung über die Erde und unter amerikanischer Hegemonie weiterläuft. Die künftige Welt sähe dann aus wie ein System ohnmächtiger Splittergewalten, die man kaum noch Staaten nennen dürfte; herrschen würden die Ansprüche des allgegenwärtigen Marktes, d.h. die Partikulärlogiken der harten Segmente eines globalisierten Produktionssystems, der »Multinationalen«. Der Gendarm dieser Welt wären die USA, könnten nur sie sein, d.h. eine exklusive Militärmacht, der einzige »Staat« im vollen Wortsinn, auch wenn sich dieser

Staat und diese Militärmacht darauf einlassen sollten, unter der Flagge einer verschwommenen politischen Weltorganisation (der UNO) zu operieren. Für manche ist diese Perspektive vollkommen annehmbar, ja gar ein wünschenswerter Fortschritt in der Gesamtevolution nicht nur der Wirtschaft, sondern auch der Gesellschaft, die dadurch demokratischer würde. Andere sehen das gewiß anders. Ich sehe darin eine Utopie, die auf keinen Fall machbar ist.

So wird man wieder auf die Europafrage verwiesen, die sich nicht ausräumen läßt. Wovon ist hier auszugehen? Ich sage: von einem »real existierenden« Europa, das folgende Merkmale aufweist:

Erstens: Es bildet keinen integrierten Wirtschaftsraum, sondern nur annähernd einen großen präferentiellen Markt; es gibt kein europäisches Produktionssystem, keine »europäischen« Produktionseinheiten, keine »europäischen Multinationalen«. Die unbestreitbare Erosion der nationalen Produktionssysteme führt unter diesen Bedingungen nicht auf einen vorzugsweise europäischen Umbau; vielmehr werden Stücke herausgerissen und an Segmente von globalisierten Produktionssystemen angeschlossen. Die britische Wahl ist in dieser Hinsicht sehr aufschlußreich. Die britische Finanzwelt, der beste Rest vom Erbe der Vergangenheit (wegen dieser Position Londons im globalisierten Finanzsystem kann sich Britannien trotz seines Niedergangs noch halten), achtet die Gebote der Globalisierung höher als jene einer eventuellen europäischen Finanzkonstruktion. Die englische Industrie hat eine ähnliche Wahl getroffen, wie die Installation der japanischen Autoindustrie auf den britischen Inseln zeigte. Aber Britannien ist nicht etwa die Ausnahme. In der deutschen, französischen, italienischen Industrie ist das Realverhalten nicht anders.

Zweitens: Dieses Europa beruht nicht auf einem gemeinsamen Gesellschaftsprojekt. Um sich davon zu überzeugen, daß dieses strenge Urteil der Wirklichkeit entspricht, braucht man m.E. nur zu sehen, wie sehr die »soziale Dimension« in den Regulativen der EG auf den Notsitz abgedrängt wird. Ich unterschätze hier nicht die Bedeutung bestimmter Grundsätze, die jetzt von der dominanten Öffentlichkeit (fast) aller europäischen Gesellschaften gebilligt und deswegen von der Gemeinschaft bekräftigt werden. Zu diesen neuen Errungenschaften des Fortschritts gehören die Gleichstellung von Frauen und Männern sowie das ökologische Anliegen – im Prinzip. Ansonsten kommt nicht viel auf den gemeinsamen Nenner, den die EG herstellt: Die Arbeitsbedingungen, die Gewerkschaftsrechte usw. gehören schon zum angestammten Erwerb der wichtigsten Mitgliedstaaten. Aber weder die Hauptfrage des gesellschaftlichen Eigentums (die über den engen Streit um Privat- oder öffentliches Eigentum hinausgeht) noch die Frage nach der Zukunft der Arbeit und ihrem Platz in der Gesellschaft (statt unverbindlicher Reden vom »Konsultieren« der Werktätigen) stehen in der Gemeinschaft auf der Tagesordnung, allerdings auch nicht in den Mitgliedstaaten. Denn seit der nationale *Welfare State*, der ein Halbjahrhundert lang als großes Gesellschaftsprojekt die Szene beherrschte, sein Potential erschöpft hat, besitzen die europäischen Gesellschaften kein vergleichbares Projekt, mit dem sie voranschreiten könnten. Dieses Defizit stammt nicht daher, daß die laufenden Geschäfte vorherrschend von den klassischen europäischen Rechten verwaltet werden, deren Machtantritt es im übrigen erleichtert hat. Denn dieselben klassischen Rechten waren vormals gezwungen, im Wechsel mit den damaligen Linken den *Welfare State* zu verwalten. Das Defizit liegt heute ebensosehr an der europäischen Linken. Und der gemeinsame Nenner der demokratischen Praxis in der Verwaltung des politischen Lebens wiegt für sich allein dieses Defizit nicht auf. Ließe man es bei ihm bewenden, so bestünde sogar die Gefahr, daß er selbst erodiert.

Drittens: Dieses Europa ist kein Ganzes, das eine gemeinsame Vorstellung (oder, strenger genommen, überhaupt eine Vorstellung) von seinem Verhältnis zu den anderen Regionen der Erde hätte. Die Konzeptionslosigkeit betrifft nicht nur insofern die Ökonomik, als sich die Europäer (die Staaten, die Parteien, die Öffentlichkeiten) nicht zwischen der Integration in die Globalisierung und einer wirklich vorzugsweisen Integration in die EG entschieden haben;[1] sie betrifft auch die politische Seite der Frage. Wollen die Europäer Osteuropa und die Ex-UdSSR integrieren oder sie »lateinamerikanisieren«? Gedenken sie, aus der quasi-kolonialen Tradition ihrer Beziehungen zu Afrika und der arabischen Welt auszusteigen? Und hegen sie gegenüber Asien, das sich fern von Europa »entwickelt« (wie auch immer Sinn, Tragweite und Qualität dieser »Entwicklung« zu bewerten sind; ich urteile da streng), andere Gefühle als Ausgeburten der Angst? Wie oft wird man noch hören, das Handelsdefizit aller Staaten Europas gegenüber den Ländern Asiens (Japan, China und den »Tigern«) sei nicht hinzunehmen, während umgekehrte Ungleichgewichte bezüglich anderer Regionen vollkommen akzeptabel scheinen? Das Fehlen europäischer Vorstellungen – außer beschränkten Ideen, die mit der aktuellen Sorge für da und dort verankerte kleine Interessen zusammenhängen – hat immerhin die bedeutende Konsequenz, daß den USA das Monopol einer »Weltanschauung« überlassen wird, samt den (militärischen) Mitteln zu deren Umsetzung.

Alles Obige ist den Europäern gewiß nicht entgangen; sie sind sich ihrer Schwächen durchaus bewußt, haben sich auch einige Instrumente geschaffen,

[1] Letztere würde eine gewisse »Abkopplung« verlangen, und die Idee der »Abkopplung« ist bekanntlich verpönt.

um der Zukunft den Boden zu bereiten. Aber wie sich zeigen wird, sind die Antworten auf die Herausforderung, die sie anscheinend geben wollen, m.E. unangemessen.

Der europäische Durchschnittsbürger weiß gut, was die Stadtverwaltung, das Parlament, die Regierung für ihn bedeuten. Er steht jedoch total hilflos vor dem Labyrinth der EG-Institutionen. Doch erst wenn man deren Sein und Tun analysiert, kann man in der Debatte über das Wesen der Anforderungen und die Mittel, ihnen zu begegnen, vorankommen.

Die »Kommission« ist kein regelloses Konglomerat von Dienstzweigen, die wie anderswo auch von »Technokraten« geleitet werden. Ebensowenig ist sie eine (supranationale) Regierung, denn die Kommissare sind nicht für ein bestimmtes Gebiet verantwortlich, wie bei der üblichen Aufgabenteilung zwischen den Ministerien (Landwirtschaft, Industrie, Finanzen usw.), sondern für spezifische Aufgaben, die der Gemeinschaft übertragen wurden. Sie ist nicht einmal Keimzelle einer Regierung, denn von den Verantwortungsbereichen der Ausübung der Souveränität (Polizei, Armee, Auswärtiges, Justiz usw.) wurde ihr kein einziger übertragen. Man weiß sogar, wie gefährlich diese Karenz werden kann, denn eine allein in Zusammenarbeit der Polizeibehörden gebildete »Europol« wäre z.B. über jede Transparenz erhaben, dem Einblick der Öffentlichkeit entzogen. Der Präsident der Kommission ist daher auch kein Premierminister, der eine politische Linie verantwortlich zu definieren und die Tätigkeit der ihm unterstellten Minister dementsprechend zu koordinieren hätte.

Die Definition der Politiken sowie die Übertragung und Organisation der Exekutivvollmachten werden demnach außerhalb der Kommission besorgt, und zwar vom Rat. Es müßte heißen: von den Räten, d.h. von Konferenzen der Minister der Mitgliedstaaten. Oft wurde darauf hingewiesen, daß dieser Organisationstyp Ungereimtheiten produziert, z.B. daß die Finanzminister und die Landwirtschaftsminister Gegensätzliches beschließen. Auf nationaler Ebene werden solche Unstimmigkeiten vom Ministerrat und vom Premierminister behoben; das fehlt hier.

Ist das Parlament ein Parlament? Oder wenigstens der Keim einer echten Europäischen Versammlung? Hier ist noch längst nicht alles im reinen. Die Genehmigung des Budgets, das praktisch vorher durch Beschlüsse des Rates festgesetzt wird, und die Wahl der Kommissare bleiben unverbindliche Formsache. Außerdem ist die Idee, daß die Europaabgeordneten von allen Europäern und daher über multinationale Listen gewählt werden müßten, im politischen und kulturellen Bewußtsein des Erdteils wohl noch nicht herangereift.

Die EG-Institutionen haben somit den Status von Exekutivdiensten für die Politik einer zwischenstaatlichen Regierung, die sich nicht beim Namen nennt.

Nun kann letztere schon deswegen nicht einen klaren strategischen Standpunkt zu den Grundproblemen beziehen, weil die europäischen Regierungen mit den nationalen Mehrheitsverhältnissen wechseln und diese nicht mit den Rechts- oder Links-Mehrheiten im Europamaßstab übereinstimmen. Wichtiger noch ist aber, daß es in keinem Mitgliedstaat eine sichtbar vorherrschende Vorstellung gibt. Es gibt kein »deutsches« oder »französisches« oder »britisches Konzept« für die Zukunft der Europa-Konstruktion, nur momentane Positionen jeder Nationalregierung zu definierten Tagesordnungspunkten. Es gibt nicht einmal gegensätzliche Gesamtvorstellungen, die Rechte und Linke voneinander abgrenzen würden. In jedem Staat finden sich in der Rechten wie in der Linken recht unterschiedliche, manchmal grundsätzlich divergierende Ansichten. Die Meinungen von der Zukunft Europas geben dem Analytiker und dem Europapolitiker daher ein wahres Puzzlespiel auf. Für das Funktionieren des Projekts im jetzigen Stadium bringt das weder Vorteile noch Nachteile, denn die Europa-Institutionen haben nur genau definierte Exekutivbefugnisse.

Neue Herausforderungen: Krise und Osterweiterung

Dieses Europa steht heute vor einer doppelten und neuen Herausforderung: erstens durch die »Krise«, zweitens durch die anstehende Erweiterung nach dem europäischen Osten.

Nun war zwar im begrenzten Rahmen Westeuropas, das im wesentlichen aus Ländern mit ähnlichem Entwicklungsstand besteht, und zu Zeiten unbeschwerten, weil auf das effiziente Funktionieren des *Welfare-State*-Projekts gegründeten Wirtschaftswachstums die Marktöffnung – als nahezu ausschließliche Achse der Gemeinschaftskonstruktion aufgefaßt – nicht allzu problematisch, und wenn sie da und dort Schwierigkeiten bereitete, so waren diese stets nur sektoriell und geringfügig, konnten also ohne große Opfer behoben werden.

Unter heutigen Bedingungen ist das jedoch nicht mehr so. Die Massenarbeitslosigkeit als anhaltender und womöglich bleibender Fakt, sofern die Grundkonzepte der gesellschaftlichen Arbeit nicht radikal verändert werden, sowie die sehr ungleichen Entwicklungsniveaus der Länder, die für eine – auch schrittweise – Erweiterung der Gemeinschaft auf den gesamten Erdteil in Frage kommen, bilden Herausforderungen, vor denen Antworten im Stil der Marktöffnung jegliche Effizienz verlieren und zu mehr als zweifelhaften Zauberformeln werden.

Europa steht daher vor drei Problemkomplexen, die ihm objektiv schwierige Entscheidungen aufnötigen.

Erstens: Die Entscheidung für eine Konzeption der politischen Europa-Konstruktion kann nicht endlos verzögert oder gar umgangen werden. Ohne zu vergröbern, kann man sie wie folgt definieren: Will man schließlich zu einer supranationalen politischen Gewalt gelangen?[2] Oder wünscht man nur ein »Europa der Nationen«[3], d.h. ein aus Staaten, die auf politischer Ebene die einzig souveränen Gewalten bleiben, gebildetes Europa? Die Anhänger dieser Wahl halten sie für vereinbar mit einer ökonomischen Integration, die den einheitlichen Markt abrundet und festigt. Ich habe weiter oben meine Zweifel am Realismus dieser zweiten Option geäußert, denn ich halte eine starke ökonomische Integration ohne Aufbau einer gemeinsamen politischen Gewalt nicht für möglich. Ohne diese wird die ökonomische Seite des Projekts nur sehr schwer über den einheitlichen Markt hinauskommen, und die bisherigen Ergebnisse auf diesem Gebiet werden instabil und umkehrbar bleiben.

Jedenfalls wäre es selbst bei maximal möglicher Betonung des »Europäischen« illusorisch und gefährlich, die fortwirkenden starken Bindungen an historisch entstandene nationale Realitäten zu übersehen. Man wird sich also viel einfallen lassen müssen, um diese Bindungen und ein letztlich gemeinsames »Europäertum« in passenden institutionellen Formen zu vereinen. Kein aus der historischen Erfahrung Europas oder anderer Weltregionen überliefertes Modell, ob föderal oder konföderal, wird dieser besonderen und neuen Herausforderung gerecht.

Ungeachtet der gewählten Option wird sich wahrscheinlich eine Konstruktion »mit mehreren Geschwindigkeiten« nicht vermeiden lassen. Auch bei der »konföderalen« Option, die die nationalen politischen Souveränitäten nicht antastet, kann nicht allen europäischen Gesellschaften und insbesondere nicht, wenn die Gemeinschaft nach Osten erweitert werden soll, dasselbe »ökonomische Einheitssystem« vorgeschrieben oder gar beschleunigt aufgedrängt werden, es sei denn, dieses System würde durch ein gemeinsames Mindestmaß definiert: ein großer offener Markt, und weiter nichts. Ein Fortschreiten mit mehreren Geschwindigkeiten bleibt also in jedem Fall geboten. Im übrigen wiederhole ich: Jeder Versuch, allein mit einem »harten Kern« der EWG über den gemeinsamen Markt hinaus zur ökonomischen Integration zu gelangen, ohne eine gemeinsame politische Gewalt zu errichten, ist auf die Dauer zum Scheitern verurteilt.

---

[2] Im »europäischen« Jargon wird diese Option allgemein als »föderalistisch« bezeichnet.

[3] Im betreffenden Jargon zuweilen als »konföderalistisch« bezeichnet.

Zweitens: Der europäische Erdteil, der wahrscheinlich berufen ist (kraft seines »europäischen Geistes«?), ein regionales Ensemble in der Welt von morgen zu bilden, ist bei weitem nicht homogen. Er wird nicht nur von Nationen konstituiert, die nicht aus der Welt zu schaffen sind (für viele ist eine Universalisierung durch Abschleifen der Differenzen unerwünscht); außerdem ist die Entwicklung seiner Konstituenten nach Struktur und Stand unterschiedlich und ungleich. Man kann unschwer die Grenze der »Kern«regionen ziehen, die zwar verschiedenen Nationen angehören, aber starke gemeinsame Merkmale und vergleichbare Entwicklungsniveaus aufweisen. Aber jenseits dieser Grenze und in den vier Hauptrichtungen Südwest, Nordwest, Süd und Ost stehen die Gesellschaften heute und künftig gewiß noch lange vor Herausforderungen unterschiedlicher Art.

Um wirksam zu sein, kann auch ein strikt ökonomisches Projekt, das den Kern und seine Peripherien betreffen soll, nicht die Probleme übergehen, die jene Heterogenität aufwirft. Selbst ein bloßer gemeinsamer Markt ist nicht unbedingt für alle wünschenswert. Das zeigt m.E. schon das griechische Beispiel, und der eventuelle Beitritt weiterer östlicher Länder[4] würde die Disproportionen verschärfen, die das Funktionieren der Marktgesetze naturwüchsig produziert, sofern nicht systematisch geeignete Schutzmaßnahmen getroffen werden. Das gilt erst recht, wenn das Projekt außerdem auf verstärkte ökonomische Integration abzielt.

Drittens: Besonders beunruhigend ist der Fakt, daß die Europäer die genannten Probleme durchaus erkannt haben, jedoch das Projekt m.E. mit den vorgesehenen Lösungsansätzen auf den Holzweg bringen.

Auch der Maastrichter Vertrag, der die neue Europäische Union begründete, hat bekanntlich die große politische Herausforderung für Europa nicht beachtet, sondern ist der Schwierigkeit ausgewichen. Wie man weiß, hat der Vertrag den Ausbau der Gemeinschaft vorrangig auf die Einführung des EURO ausgerichtet. Damit wurde die Wahl getroffen, das Projekt der ökonomischen Integration um einen entscheidenden Schritt, die Einheitswährung, weiterzuführen, bevor und ohne daß die politischen Perspektiven der EU geklärt wurden.

Zur Begründung wird argumentiert, um gleichzeitig den einheitlichen Markt, die freie Kapitalbewegung und stabile Wechselkurse zu sichern, sei eine gemeinsame Geldpolitik erforderlich, letztlich also die Einheitswährung. Ich halte dieses Argument für falsch, weil in zweierlei Hinsicht unzureichend:

[4] Im EG-Jargon: Länder Mittel- und Osteuropas (MOE-Länder)

a) Die drei Ziele sind nur dann vereinbar, wenn – weit über eine gemeinsame Geldpolitik hinaus – die Wirtschafts- und Sozialpolitiken der Mitgliedstaaten parallel laufen. Das soll heißen: Damit das System funktionieren kann, müßten die Politiken der Mitgliedstaaten *in puncto* Abgabenerhebung, öffentliche Ausgaben usw. identisch sein, die Strategien der Segmente des Produktionssystems (der Unternehmensgruppen nach Zweigen und Sektoren usw.) parallel laufen, die Strategien der Sozialakteure (namentlich der Gewerkschaften) ebenso laufen usw.

b) Es ist schwer und in Krisenzeiten unmöglich, eine stimmige und wirksame europäische Politik zu formulieren, die für Märkte und Kapitalflüsse die gleichzeitige Öffnung »nach innen« und »nach außen« sichern würde. Man muß sich entscheiden. Vorrangige Sicherung der Öffnung nach innen erfordert Schutzmaßnahmen nach außen. Aber wieder einmal gilt das Abkopplungs-Konzept als verpönt.

Jene unglückliche Entscheidung resultiert m.E. schlicht aus der Dominanz der monetaristischen Mode-Ideologie. Ihr zufolge kann jedwede soziale Ganzheit, ob Staat oder Gemeinschaft, eine »unabhängige Verwaltung ihrer Währung« praktizieren. Ich meine, daß dieses rein ideologische Konzept keine beständige realhistorische Entsprechung hat. Diese unabhängige Verwaltung gibt es dem Anschein nach zu Zeitpunkten, da sich eine Gesellschaft, die kein Sozialprojekt hat, dem einseitigen Gesetz des Marktes unterwirft. Aber die Geschichte zeigt, daß diese Zeitpunkte Momente des chaotischen Übergangs zu einer neuen, durch ein Gesellschaftsprojekt definierten Sozialordnung sind. Danach wird die Währung wieder das, was sie ihrem Wesen nach ist, nicht eine Ware wie jede andere, wie die liberale Mode-Ideologie vorgibt, sondern ein Werkzeug, das der kollektive Wille handhabt.

Dieses Europa hat sich also für ein »Wundermittel« entschieden, das ihm die Qual der Wahl in den anstehenden politischen Fragen abnimmt. Doch die Realisierung der »unabhängigen Währungspolitik« durch die Bundesbank und einige nachziehende europäische Zentralbanken hat keine Daueraussichten. Diese Politik wird bleiben, solange sich die konservativen Kräfte, denen die Geschäftsführung anvertraut ist, darauf versteifen, ihr Krisenmanagement so weiter zu betreiben wie jetzt, d.h. um den Preis einer Abwärtsspirale, die der Krise immer ärgere Ausmaße gibt. Aber man kann darauf wetten, daß die sozialen Gewitter, die diese Politik schon sichtbar heraufbeschwört, ihr schneller als erwartet ein Ende setzen werden. Der erst für den EURO vorgesehene Zeithorizont 1996 wurde bereits auf 1999 vertagt. Er wird bald weiter hinausrücken, bis zum Nimmerleinstag.

Die EU im Sturm. Die wahre Herausforderung: Kommerzieller Raum oder politische und soziale Integration?

Die Europa-Konstruktion, die sich bereits auf dem Holzweg befindet, weil der Einheitswährung Vorrang eingeräumt wurde, gerät nun ins Unwetter. Die Entscheidung bestärkt die konservativsten Kräfte, die an einer ausweglosen Form des Krisenmanagements festhalten. Der soziale Protest gegen die fatalen Folgen dieses Managements ist bereits lautstark; er wird ganz gewiß noch energischer werden. Durch die Bindung des Europa-Projekts an eine extrem neoliberale Politik könnte die betreffende Entscheidung die öffentliche Meinung schneller als gedacht umschlagen lassen und sie gegen die Europa-Idee selbst aufbringen. Die noch instabilen Ergebnisse, die zur schrittweisen Umsetzung dieser Idee beitragen könnten, würden ihrerseits rasch erodieren.

Ein Katastrophenszenario. Geborene Optimisten werden sagen, daß Europa in seiner Geschichte andere Katastrophen durchgestanden und die Herausforderung schließlich immer bewältigt hat. Tatsächlich brauchen sich die Gesellschaften dieses Erdteils ihrer Geschichte nicht zu schämen, wußten sie doch letzten Endes stets dem Fortschritt Bahn zu brechen. Aber das hat sie wiederholt viel Blut gekostet, wie im Kampf der Demokratie gegen den Faschismus.

Europa wird nicht von außen bedroht. Das war schon 1945-1990 nicht der Fall, als gewisse politische Kräfte weitgehend eingebildete Ängste vor der UdSSR und dem »Kommunismus« schürten. Heute von einer möglichen Bedrohung durch die Völker und Staaten des Südens – namentlich durch den islamischen Fundamentalismus – zu reden, grenzt ans Groteske. Die leidigen Optionen, die da und dort im Süden obsiegen könnten, werden nur in ihren eigenen Völkern und Nationen Opfer fordern, denn sie verschlimmern noch deren Rückstand und mithin deren Schwäche in der Weltarena.

Europa wird von innen her bedroht. Im Westteil kann die Gefahr wohl nicht die Schwelle dramatischer Intensität erreichen. Die traditionell als »national« oder kommunitär verbuchten Konflikte (vor allem in Irland, Spanien, Belgien) müssen sich nicht unbedingt zuspitzen oder ohne Lösung bleiben. Ziemlich schwer vorstellbar ist, daß die einst gravierenden Konflikte zwischen den Mächten der Region (Britannien, Deutschland, Frankreich) wieder aufleben und neue innereuropäische Kriege hervorrufen sollten. Im Osten ist dagegen die Schwelle zum Drama überschritten. Die Unsinnigkeit der aufgezwungenen neoliberalen »Konversions«politiken produziert eine soziale und ökonomische Katastrophe, die sogar demokratische Errungenschaften unglaubwürdig macht (sie wirken im nachhinein wie reine Konjunkturphänomene). Gewiß sind lokale politische Kräfte hauptverantwortlich für die heftigen Krisen, die die Region erschüttern, weil ihre Länder in der rückläufigen Spirale stecken. Aber die Staaten Westeuropas tragen Mitverantwortung: Werden sie Wasser oder Öl ins Feuer schütten? Bis heute geben sie eher die zweite Antwort, faktisch, wenn nicht (durchweg) absichtlich. Indem sie die Zentrifugaltendenzen unterstützten, die das neoliberale Chaos unvermeidlich hervorbrachte, gossen die westlichen Diplomatien Öl ins Feuer, ermunterten sie bankrotte Demagogen zum Versuch, ihrer Macht eine neue Legitimationsbasis zu verschaffen – die »ethnische« Basis. Es lag auf der Hand, daß man historische Gebilde wie Jugoslawien oder die UdSSR nicht sprengen kann, ohne mit Gewißheit mörderische Konflikte auszulösen. Es lag auf der Hand, daß die ersten konfusen »Wahlen« nichts außer Verwirrung anzeigten. Europa hat sich nicht dafür entschieden, den Kräften zu helfen, die für Geduld eintraten, die doch oft die Heftigkeit der ersten Reaktionen mäßigen kann. Ich bemerke hier, daß Deutschland offenbar die Lokomotive der destruktiven Intervention war. Es hat die »Unabhängigkeit« Sloweniens und Kroatiens einseitig anerkannt; einen Monat später bestätigte die EG die Entscheidung. Das ist zweifellos das Anzeichen dessen, daß doch ein (deutsches? oder europäisches?) Projekt besteht und umgesetzt wird: das Vorhaben, den europäischen Osten zu »lateinamerikanisieren«.

Kurzfristig paßt dieses Projekt nationaler Aufteilung und sozialer Auflösung durchaus zu der utopischen Globalvorstellung, die Welt »wie einen Markt verwalten« zu wollen und dazu die Gewalten maximal zu zersplittern, um den Staatsgewalten jede Wirksamkeit gegenüber einem allgegenwärtigen »Markt« zu nehmen.

Aber seit es keinen Eisernen Vorhang mehr gibt, haben die Evolutionen in einer Hälfte Europas Direktwirkungen in der anderen Hälfte. Und wie man weiß, ist das schlechte Beispiel oft stärker als das gute. Je tiefer der Westen in die Krise gerät, desto mehr ermuntern die Neofaschismen des Ostens ihresgleichen zum Wiedererstehen im Westen. Aber außer dieser zum Glück noch marginalen Gefahr läßt das Chaos auch staatlichen Nationalismus wieder aufleben. Wenn die Länder Europas gemeinsam nichts Überzeugendes zu bieten haben, wächst die Versuchung, nationale und nationalistische Antworten anzustreben. So käme man, ohne das immer gewollt zu haben, zurück zum Europa des 19. Jahrhunderts, wo der »Völkerkampf« ebensosehr im Vordergrund stand wie der »Klassenkampf«.

Denn die Europa-Konstruktion schreitet ebensowenig zwangsläufig voran wie die arabische Einheit, der Panafrikanismus oder die lateinamerikanische Integration. Zentrifugaltendenzen bestehen und wirken auch in Europa und in seinem Westen. Und für jede europäische Nation sind andere Optionen möglich als die Einheit des Erdteils.

Britannien war lange mehr am Zusammenhalt des Commonwealth, des Erbstücks seiner imperialen Hegemonie, als an einer eventuellen Integration in Europa interessiert. Seit 1945 folgt es der nie revidierten Entscheidung, seiner bedingungslosen Allianz mit den USA Vorrang zu geben. Bisher ließ sich diese Entscheidung mit der Bindung an Europa vereinen. Was aber, wenn sich die Konkurrenz Europa-USA künftig verschärft? Oder wenn Europa auseinanderfällt? Oder wenn Deutschland Europa dominiert?

Frankreich hatte 1945-1946 vorgesehen, sein Kolonialreich auf Assoziations-Basis zu erneuern (als Assoziation unabhängiger oder ernsthaft zur Unabhängigkeit bestimmter Nationen). Kolonialistische Kräfte nahmen dann dem Projekt die innovative Potenz und konservierten die Kolonialverhältnisse bis zu dem Zeitpunkt, an dem innere Wandlungen im französischen Kapitalismus – zum Nachteil der niedergehenden alten Kolonialinteressen und zum Vorteil der durch effiziente Modernisierungspolitiken dynamisierten Sektoren – Frankreich zur europäischen Integration umschwenken ließen. Frankreich hat heute keine andere Wahl mehr. Aber das ist eben ein Element seiner Schwäche, denn die europäische Hauptmacht, Deutschland, besitzt einen weit größeren Handlungsspielraum.

Deutschland betrieb nach 1871 ein eigenes Projekt, den »Drang nach Osten«. Hat es darauf verzichtet? Gewiß ist Deutschland inzwischen eine Demokratie à la Britannien und Frankreich, anders als Bismarcks Zweites Reich oder gar das verhaßte Dritte Reich Hitlers. Im Wissen, daß diese Errungenschaft wesentlich ist, wollen die demokratischen Kräfte in Deutschland nach ihren eigenen Worten ein »europäisches Deutschland« statt eines »deutschen Europas«. Trotzdem ist das Vierte Reich schon da, wie seine Intervention in Jugoslawien, das beunruhigende Hochspielen der »Sudetenfrage« und viele andere Anzeichen belegen. Ist ein demokratisches Viertes Reich möglich? Warum nicht. Der britische und der französische Imperialismus haben sich entfaltet, ohne die Demokratie in ihren Metropolen in Frage zu stellen. Ein demokratisches Viertes Reich könnte sogar die Ziele des »Drangs nach Osten« aufgreifen, ohne diese Expansion für die Völker Osteuropas unerträglich erscheinen zu lassen: Die Hegemonie in der Region würde ebenso vermittels der Ökonomie funktionieren wie jene der USA im Weltmaßstab (und die USA sind, unbeschadet ihrer Hegemonie, ebenfalls eine Demokratie). Deutschland verfügt mithin über einen großen Handlungsspielraum: Es könnte seine eigene Ostpolitik weiter betreiben, ohne die Europa-Konstruktion in Frage zu stellen, denn seine Partner (vor allem Frankreich) müßten seine Initiativen billigen. Das wäre das »deutsche Europa« in einem »amerikanischen Universum«. Deutschland würde natürlich nicht Hitlers fatalen Fehler wiederholen, mehr verschlingen zu wollen, als verdaut werden kann.

Die anstehenden Entscheidungen der anderen EG-Länder haben zur Zeit nicht so ausschlaggebende perspektivische Bedeutung. Wie es scheint, würden sich aber Italien, Spanien, Belgien, die Niederlande und die skandinavischen Länder unschwer mit dem »deutschen Europa« abfinden, vor allem, wenn Deutschland seine Strategie ausführt, ohne die Demokratie zu verabschieden.

Können Rußland und diejenigen Länder der Ex-UdSSR, die Objekte seiner Begierde und jener der anderen werden (und sind), auf unbestimmte Zeit aus dem Spiel herausgehalten werden? Kurzfristig begünstigt die genannte Option jedenfalls den »Drang nach Osten«, weil Deutschland vorerst nur eine begrenzte Expansion beabsichtigt, die auf Österreich (faktisch bereits in seinen Raum integriert), die Tschechische Republik (unter Kompradoren-Regime geratend), Slowenien, Kroatien, Ungarn, Polen, die baltischen Staaten und die Ukraine abzielt.

Abschließend sage ich zu diesem Katastrophenszenario, daß es m.E. wieder auf ein Europa nach Art des 19. Jahrhunderts hinauslaufen muß, d.h. entweder auf eine englisch-französisch-russische Allianz als Damm gegen die deutschen Ambitionen oder auf eine neue deutsch-russische Interessenteilung, die schließlich Frankreich isolieren würde. Sehr zum Glück ist nicht allein das Katastrophenszenario vorstellbar, sondern ebenso auch ein fortschrittliches Szenario. Es verlangt allerdings große Anstrengungen.

Das Europa-Projekt kann es nicht bei der »Verwaltung der Demokratie in einem multinationalen Raum« bewenden lassen. Dieser kleinste gemeinsame Nenner ist absolut unzureichend und nicht einmal imstande, die Errungenschaften der EG (in der Ökonomie) und ganz einfach die Demokratie zu schützen. Die Krise – die keine »Rezession«, sondern eine nicht nur ökonomische Strukturkrise der Gesellschaft ist – kann die Legitimität der europäischen demokratischen Tradition schwerwiegend untergraben.

Das Europa-Projekt wird die Herausforderungen, vor denen es steht (Welche Entwicklung für Europa? In welcher Beziehung zur Globalisierung? Unter welchem Verhältnis von Nationen und Supranationalität in Europa?), nur dann bewältigen, wenn es ein ernstzunehmendes Gesellschaftprojekt hervorbringt, das den Problemen unserer Zeit gerecht wird. Ich nenne daher hier zum Schluß die verschiedenen Dimensionen, die solch ein Gesellschaftsprojekt haben muß.

Erstens: Ein Gesellschaftsprojekt ist zuerst eine soziale Vision, eine Vorstellung von den gesellschaftlichen Verhältnissen. Diese kann nicht schlicht implizit bleiben und die Reproduktion des Produktionssystems unterstellen. Sie muß explizit für den Eigenbereich der gesellschaftlichen Verhältnisse erklärt werden, die zum Teil (im Kern) Klassenverhältnisse auf der Basis der Produktionssysteme, aber darüber hinaus auch Sozialverhältnisse in verschiedenen Realitätsbereichen sind (wie die Geschlechterverhältnisse). Man kann diese Darstellung durchaus »Gesellschaftsvertrag« nennen; ich habe nichts dagegen. Im übrigen kannten wir einen historischen Vorläufer, der die Grundlage für das europäische Wunder (und für das amerikanische) abgab: den nationalen historischen Kompromiß von Kapital und Arbeit, der drei Partner voraussetzte, denn der Staat war unumgänglich als Verhandlungsort und Instrument der Umsetzung dieses Kompromisses. Es geht jetzt nicht um ein *»remake«* dieses Modells, das schon durch die Globalisierungsbewegung und die Europa-Konstruktion selbst definitiv überholt ist. Doch in jedem Fall kommt der Gesellschaftsvertrag vor – und nicht nach – den ökonomischen Strategien, die sich in seinem Rahmen und auf seiner Grundlage entfalten. Die konventionellen Ökonomen tun sich schwer, diese Reihenfolge zu akzeptieren. Der ökonomistischen Entfremdung verpflichtet, haben sie immer gemeint, die Ökonomie entscheide alles. Es nutzt auch nichts, die gesellschaftlichen Verhältnisse, die das Projekt definieren, als »kapitalistisch« oder »sozialistisch« zu etikettieren. Die beiden Begriffe haben nicht etwa keinen Sinn oder keine historische Tragweite mehr. Sie behalten sie voll und ganz. Doch die langwährende Transition vom Weltkapitalismus zum Weltsozialismus impliziert einfach die konflikthafte Koexistenz von Elementen kapitalistischer Logiken (Markt, Profitkalkül, Hierarchie in der Arbeit usw.) und antikapitalistischer Logiken: Soziale Gerechtigkeit und Demokratie sind keine natürlichen Produkte der kapitalistischen Expansion, sondern Ergebnis des Kampfes der Völker gegen die einseitige Logik der Kapitalakkumulation.

Zweitens: Außer dem »Gesellschaftsvertrag«, der die Reproduktionsbedingungen des Produktionssystems reguliert, verlangt ein zeitgemäßes Gesellschaftsprojekt eine Zukunftsvision für unsere technologische Zivilisation. Aktuell ist die Frage nach der Zukunft der Arbeit. Nach der Arbeitermasse der fordistischen Periode wird der werktätige Intellektuelle und Citoyen, Bürger des Gemeinwesens, tendenziell zum Konstituenten der neuen »Masse« im Produktionssystem von morgen. Dieses System wird auf informatisierten und automatisierten Technologien sowie den von ihnen implizierten Interdependenzen zwischen allen Segmenten beruhen. Damit werden die bisher dominanten Formen des Wertgesetzes in Frage gestellt.[5] Erfordert das nicht, den Lohn durch ein Einkommen zu ersetzen, das Bürgern und Bürgerinnen des Gemeinwesens zusteht? Desgleichen verlangt die ökologische Herausforderung, deren Konsequenzen nicht in die konventionelle kurzfristige Kostenrechnung einbezogen

---

[5] Die Ökonomen formulieren das in ihrer typischen Naivität als die große Entdeckung, daß »der technologische Faktor« die wichtigste und letzte Determinante der Produktivität ist.

werden können, selbstverständlich neue Problemstellungen für die ökonomische Entscheidungsfindung. Von selbst versteht sich ferner, daß die »Partizipation an der Leitung« oder die »Mitbestimmung« auf deutsche Art diesen Zivilisationsanforderungen bei weitem nicht entsprechen. Die Zukunft des Eigentums und die nötige Ausrichtung seiner Evolution auf neue Formen stellen Ansprüche an alle Dimensionen des sozialen Denkens und Handelns.

Drittens: Muß noch gesagt werden, daß die historischen Konzepte, nach denen sich die nationalen Solidaritäten herausgebildet haben, wegen der Herausforderung der »Supranationalität« in der Europa-Konstruktion, aber auch andernorts in Frage gestellt werden? Wie sind in diesem Rahmen die Differenz, die Spezifik, der Universalismus neu zu fassen?

Viertens: In unmittelbar politischer Hinsicht steht das Europa-Projekt vor der Frage nach den Beziehungen Europa-USA, die bisher noch in den Rahmen eines Militärbündnisses, der NATO, gespannt sind. Der angenommene Gegner, der Anlaß zu diesem Bündnis gab, ist verschwunden. Wozu jetzt noch die NATO, worauf erwidert sie? Auf einen neuen Gegner, der in allen Teilen zu fabrizieren bleibt (der Islam? die Asiaten?) und doch schon in aller Eile vorgezeigt werden soll, wozu man eine Theorie vom »Konflikt der Zivilisationen«[6] zusammenbaut, die niemanden überzeugt als ihre ohnehin überzeugten Anhänger? Und das, obwohl dieser Gegner keine militärische Gefahr darstellt? Wenn gesagt wird, die NATO sei das Instrument der Demokratisierung der Welt, ihre Speerspitze, geworden, dann erinnert das dermaßen an die Rede von der »zivilisatorischen Mission«, daß es zum Lachen ist. Und zum Lachen erst recht, wenn man ohne kindliche Naivität auf die militärischen Interventionen der Jetztzeit schaut (etwa den Golfkrieg für die Demokratie in Kuweit!). In Wirklichkeit gehört die NATO zum unentbehrlichen Rüstzeug des politischen Managements in dem Chaos, das die ökonomische Seite des kapitalistischen Managements stiftet. Daher kann Europa, solange es nicht gedenkt, sich aus dieser Krise herauszuarbeiten, nur alle Demütigungen der amerikanischen militärischen Hegemonie über sich ergehen lassen. Zugleich macht diese Option, die jene globale Hegemonie fortdauern läßt, großenteils die Bedeutung zunichte, die man der neuen ökonomischen Konkurrenz Europa-USA beimißt, und desgleichen den Traum von Europas »Unabhängigkeit«.

Fünftens: Das Europa-Projekt steht unmittelbar im Konflikt mit dem Vorhaben, die östliche Hälfte des Erdteils zu lateinamerikanisieren. Letzteres würde

[6] Zu S. Huntingtons Behauptungen über einen »*clash of civilizations*« siehe meine Ausführungen auf S. 132 ff.

das erstgenannte platzen lassen; warum und weshalb, habe ich weiter oben zu erklären versucht.

Sechstens: Kann schließlich das Europa-Projekt den Süden ignorieren und dem leeren Gerede gewisser Ökonomen von einer »Marginalisierung« der Dritten Welt folgen? Das genau in dem Moment, da der Zugang zu den Naturschätzen der ganzen Erde für das Überleben des »Westens« so wichtig wird wie noch nie? Die Frage dieses Zugangs könnte allerdings durch einen globalen Neoimperialismus geregelt werden. Nur wäre dieser globale Kolonialismus unbedingt das beste Mittel, die Hegemonie des sogenannten amerikanischen Konkurrenten zu verewigen. Kann man außerdem einen Augenblick lang annehmen, daß er machbar wäre? Wie denkt man sich hingegen die nötigen Verknüpfungen zwischen den Großregionen (Europa, Lateinamerika, Afrika, arabische Welt) und den Kontinentalmächten (USA, China, Indien) in wechselseitig entwicklungsfördernder Interdependenz, so daß die Polarisierungseffekte der Globalisierung durch den Markt abgefangen werden können? Ich verweise auf meine Vorschläge zu diesen Fragen.[7]

Zusammenfassung und Schlußwort: Wenn zugestanden wird, daß die vorgenannten sechs Themen eine Agenda in der Tradition des linken Denkens für Bewegung und Fortschritt darstellen, dann wird Europa entweder links oder nicht sein.

---

[7] Siehe weiter unten, S. 140ff.

Für eine Strategie der Befreiung

Die drei Grundwidersprüche des Kapitalismus

Das moderne Wirtschafts- und Sozialsystem ist seit Anbeginn mit Widersprüchen konfrontiert, die es nie ausräumen konnte. Sie haben sich im Gegenteil um so mehr verschärft, je erfolgreicher sich der Kapitalismus entwickelte. Zwar vermochte er dank seiner Flexibilität, d.h. des Anpassungsvermögens sogar an soziale Varianten, die als Alternativen zu seiner Logik gedacht waren, die von Ausbrüchen jener Widersprüche verursachten Krisen zu überwinden. Doch auf die Dauer haben diese auf Herausforderungen reagierenden Teillösungen die Widersprüche des Kapitalismus immer heftiger werden lassen.

Die Logik der Akkumulation des Kapitals verstößt in dreierlei Hinsicht gegen die sozialen Grundinteressen der Mehrheit der Menschheit.

■ Der erste Widerspruch besteht zwischen den unumgänglichen Erfordernissen der Rentabilität, die Gehorsam der Werktätigen verlangen, und deren Streben, ihr Schicksal selbst zu bestimmen. Mit ihren Kämpfen haben die Werktätigen und die Völker den Kapitalismus gezwungen, sich dieser eigenen Logik ihrer sozialen Interessen anzupassen, und zwar auf zwei Ebenen entgegen der Logik des Kapitals: Zum einen wurde bei der Verteilung der Erträge des Wirtschaftswachstums durchgesetzt, daß die individuellen und kollektiven Arbeitsentgelte parallel zur Produktivität anstiegen; zum anderen wurden Grundsätze der Demokratie auf soziale Bereiche ausgedehnt, für die sie ursprünglich nicht bestimmt waren. Die demokratischen und sozialreformistischen Antworten auf die Herausforderung erwuchsen zwar nicht »natürlich« aus der kapitalistischen Expansion; sie wurden gegen deren Logik erzwungen. Jedoch haben sie die Frage keineswegs definitiv gelöst. Sie stellt sich nur um so radikaler. Die Völker fordern jetzt mehr als bessere materielle Bedingungen und die Achtung der Menschenrechte; sie wollen Herr ihrer Gesellschaft sein, d.h. sich vom Joch der fundamentalen ökonomischen Entfremdung[1] befreien. Doch ohne diese kann der Kapitalismus nicht mehr funktionieren. Seine Kriterien und Bezugsgrößen,

[1] In der Bedeutung dieses Begriffs bei Marx.

wie die ökonomische Rationalität, haben nur dann theoretischen und praktischen Sinn, wenn die Gesellschaft ökonomisch entfremdet ist.

■ Der zweite immanente Widerspruch des Kapitalismus besteht zwischen seinem Prinzip des »rationellen« ökonomischen Kalküls, das nur kurzfristig operieren kann,[2] und den Erfordernissen der Zukunftssicherung für das Leben auf der Erde. In der Logik, die den Kapitalismus als historisches System kennzeichnet, ist dieser Widerspruch seiner Natur nach unlösbar. Dieser Herausforderung ist nicht mit Methoden zur »Internalisierung externer Kosten« zu begegnen, zumal sie heute gerade durch den Erfolg des Kapitalismus, die Entwicklung der Produktivkräfte (die zugleich Destruktivkräfte sind), unvergleichlich größere Dimensionen annimmt als je zuvor.

■ Der dritte immanente Widerspruch des Kapitalismus tritt in dem zunehmenden Kontrast zwischen seinen reichen Zentren und dem Elend seiner Peripherien zutage. Diese Polarisierung resultiert nicht aus den jeweiligen Umständen und Bedingungen in den verschiedenen Weltregionen, wie die dominanten Ideologien behaupten, sondern aus der spezifischen Logik des Kapitalismus, der auf der Basis der Globalisierung des Austauschs und des Kapitals und der nationalen Segmentierung des Arbeitsmarktes operiert. Eingeführt von den Politiken der merkantilistischen Transition (1500-1800), die systematisch die früheren Interdependenzformen zerstörten und sie durch eine der Akkumulation des Kapitals dienende Hierarchisierung ersetzten, nahm die Polarisierung durch die Industrialisierung der Zentren im 19. Jahrhundert tragische Ausmaße an. Wird sie in dem Maß abnehmen, wie auch die Peripherien in die industrielle Revolution eintreten? In der Tat haben die »fünf Monopole« der neuen kapitalistischen Hierarchie (Kontrolle der Technologien, der Finanzsysteme, der Naturschätze, der Kommunikationswege und -medien, der Massenvernichtungswaffen) zur Folge, daß das globalisierte Wertgesetz noch stärker polarisierend wirkt. Dieser dritte Widerspruch hat die wichtigsten politischen Antworten auf die Herausforderung der kapitalistischen Expansion ausgelöst. Alle bisherigen sozialistischen Revolutionen waren vor allem Bewegungen von Völkern, die Opfer der weltweiten kapitalistischen Polarisierung waren.

[2] Zeithorizonte von mehr als 15 bis 30 Jahren werden unüberschaubar.

Die Geschichte hat kein Ende

Der dominante ideologische Diskurs muß die spezifischen Widersprüche des Kapitalismus, die nicht gelöst werden können, ohne die Logik des Systems in Frage zu stellen, prinzipiell ignorieren. Würde er sie anerkennen, so verlöre dieser Diskurs seine Funktion in der Reproduktion des Systems, denn das hieße, den historischen Charakter des Kapitalismus anzuerkennen. Nun müssen sich alle Machtideologien zwangsläufig über die Normen der Historizität hinwegsetzen und die Rede der transhistorischen Moralwerte führen.

Diese transhistorische Ideologie kann sich erstaunlich naiv äußern, wie etwa bei Francis Fukuyama, der ohne Gespür für eigene Lächerlichkeit schreibt: »Wir haben den Endpunkt der ideologischen Evolution der Menschheit erreicht«; »die westliche liberale Demokratie ist die endgültige Form humaner Regierung«. Dem selbsternannten Hegelianer Fukuyama fällt nicht auf, daß sein berühmter Vordenker bereits den preußischen Staat zur endgültigen Form der politischen Evolution erhoben hatte und daß dieser Tatbestand die Methode, die ihn selbst zu seinem Schluß führte, problematisch wirken läßt. Auch die Realität dieser Welt ist ihm nicht einen flüchtigen Blick wert. Also spricht Fukuyama: »Es gibt keinen fundamentalen Widerspruch, der nicht im Kontext des modernen Liberalismus gelöst werden kann.« In seiner Arroganz übersieht dieser Beamte der USA-Regierung, daß die Idee vom »Ende der Geschichte«, die er für originell hält, so alt ist wie die Welt.

Die dominanten Ideologien sind dem Wesen nach konservativ. Um sich zu reproduzieren, müssen sich alle Sozialorganisationen für ewig halten. Die Ideologien der Verwandtschaft in den Gesellschaften des ersten Stadiums (die ich kommunitär nenne) und jene der Religion in den Tributgesellschaften (des zweiten Stadiums) fußen auch wesentlich auf der Idee vom Ende der Geschichte. Sieht sich nicht jede Religion selbst als die »endgültige Antwort«? Einst religiös legitimiert, will die Idee vom Ende der Geschichte heute, in der kapitalistischen Welt, ihre Legitimität aus der ökonomischen Effizienz[3] ableiten. Aber Fukuyama und andere sind sich nicht bewußt, daß diese Verschiebung des Ursprungs der Legitimität selbst parallel zu der Transformation verlief, die der Kapitalismus gegenüber dem früheren Tributsystem vollzog: zu der grundlegenden Umkehrung des Verhältnisses von Ökonomie und Ideologie, wobei die ökonomische Entfremdung («die Ökonomie bestimmt alles«) die Stelle der re-

[3] Aus jener des »Marktes«, wie die jeder dominanten Ideologie eigene Vulgärsprache sagt.

ligiösen Entfremdung («die Religion bestimmt alles«) übernahm. Abermals erstaunlich naiv, findet Fukuyama die ökonomische Entfremdung, die er für ein Grundmerkmal des »Marxismus« hält (in der Tat kennt er nur dessen Vulgärdarstellung durch die Medien), in der Methode des »Wall Street Journal« wieder. Ihm fällt nicht ein, sich zu fragen, ob diese Beobachtung nicht auf etwas Wesentliches an der dominanten Ideologie des Kapitalismus hinweist: eben darauf, daß sie auf der ökonomischen Entfremdung beruht!

Wissenschaftliches Denken beginnt gerade damit, über die jeweiligen Selbstwahrnehmungen der Sozialsysteme hinausgehen zu wollen, nicht bei den Selbsterklärungen zu verbleiben, die sich die kommunitäre Gesellschaft mit den Verwandtschaftsregeln, die Tributgesellschaft mit der Religion, die moderne Gesellschaft mit den Marktgesetzen liefern, und zu erforschen, weshalb die Verwandtschaft, die Religion, die Ökonomie in diesen aufeinanderfolgenden Gesellschaftssystemen ihre jeweiligen Funktionen erfüllen.

Der dominante konservative Diskurs bezieht seine Kraft aus einer vulgären Vermengung von »Werten«, die er als bestimmend für die moderne Welt hinstellt (und selbst verficht). Zutaten des Gemenges sind, bunt durcheinander, politische Organisationsprinzipien (Rechtsstaat, Menschenrechte, Demokratie), soziale Werte (Freiheit, Gleichheit, Individualismus) und Organisationsprinzipien des Wirtschaftslebens (Privateigentum, »freie Märkte«). Die Vermengung soll bedeuten, daß diese Werte ein unauflösliches Ganzes bilden, das derselben Logik folgt; sie vereint also Kapitalismus und Demokratie, als ob sich das von selbst verstünde. Die Geschichte zeigt eher das Gegenteil: Demokratische Fortschritte wurden erstritten; sie gingen nicht spontan aus der kapitalistischen Expansion hervor. Die kritische Analyse gestattet, die realen historischen Inhalte der betreffenden Werte – z.B. der Demokratie – und damit auch ihre Schranken und Widersprüche sowie die Mittel zu ihrer Weiterentwicklung zu präzisieren.

Wie ist der Kapitalismus zu überwinden?

Der Kapitalismus muß demnach überwunden werden. Sonst würde er zum Ende der Geschichte, aber nur dadurch, daß er die Menschheit vernichtet, die Erde verwüstet und so ihrer Geschichte ein Ende setzt. Im Gegensatz zu den früheren Systemen, die Jahrtausende überdauerten, bevor sich ihr historisches Potential erschöpfte, könnte der Kapitalismus in der Universalgeschichte schließlich wie eine kurze Parenthese wirken, in der Elementaraufgaben der Akkumulation gelöst werden: Vorbereitung also für eine spätere Sozialordnung von höherer, nicht entfremdeter und auf authentischen weltumspannenden Humanismus gegründeter Rationalität. Mit anderen Worten, der Kapitalismus hat sein positives historisches Potential sehr rasch erschöpft; er ist nicht mehr der – wiewohl »unbewußte« – Mittler des Fortschritts (womit die dominante ideologische Vulgata begründen will, daß er das »endgültige« System sei). Er wurde im Gegenteil zum Hindernis für den Fortschritt, der sich eben nicht als unfreiwilliges Nebenprodukt der kapitalistischen Expansion, sondern anhand von Kriterien bestimmt, die zu deren Realprodukten (ökonomische Entfremdung, ökologische Zerstörung, weltweite Polarisierung) im Kontrast stehen.

Deshalb ist die Geschichte des Kapitalismus seit Anbeginn eine Abfolge von gegensätzlichen Momenten. In den einen entfaltet sich die Logik seiner Expansion als einzig wirksame Kraft und obsiegt; in den anderen zwingt das Eingreifen von Gegenkräften das System zu weniger destruktiven Expansionsformen.

Das 19. Jahrhundert gehört mit der ungleichen Entfaltung der industriellen Revolution, der Proletarisierung und den Kolonisierungen zum erstgenannten Modus der kapitalistischen Expansion. Aber trotz der Lobreden auf das Kapital führte die Gewalt der realen Widersprüche des Systems die Geschichte nicht zu ihrem Ende, das in der »*Belle Epoque*« mit Siegermiene verkündet wurde, sondern zu den Weltkriegen, den sozialistischen Revolutionen und der Revolte der Kolonialvölker. Im Europa der ersten Nachkriegszeit – ohne Sowjetrußland – wiederhergestellt, verschlimmerte der triumphierende Liberalismus das Chaos und eröffnete so den Weg zu der illusorischen und kriminellen Antwort, die der Faschismus gab. Erst nach dessen Scheitern, nach 1945, begann dank der drei historischen Kompromisse, zu denen der Sowjetismus, die Sozialdemokratie und die nationale Befreiungsbewegung nötigten, eine Phase zivilisierter Expansion.

Keiner dieser Kompromisse brach vollständig mit den Logiken des Kapitalismus, auch nicht der Abkömmling der russischen Revolution, und das entgegen der falschen Vorstellung von seinem Wesen, die er produzierte; aber alle zwangen dazu, außer der einseitigen Logik des Kapitals auch die Gedanken von Bewegungen, die von Explosionen des ersten und dritten Widerspruchs des Kapitalismus (s. o.) herrührten, zu berücksichtigen. Solange sie sich entfalteten, haben die Logiken dieser Kompromisse die Schäden der ökonomischen Entfremdung und der Polarisierung gemildert. An den eigenen – partiellen – Erfolgen verschlissen sie jedoch und versanken schließlich mit den Systemen, die sie legitimiert hatten. Verheißen die erneuten Siegesreden des Liberalismus, der sich wieder einmal für das Ende der Geschichte hält, nur die tragische Wiederholung der Szenenfolge des Dramas? Hat der Liberalismus nicht binnen Rekordfrist ein ideologisches Vakuum erzeugt, noch mehr Chaos in der Politik gestiftet, die Bedingungen für noch schärfere Polarisierung geschaffen?

Die Völker, die Opfer dieses Systems, werden gewiß reagieren. Sie tun es bereits. Aber welche Logiken werden sie gegen jene des Kapitals entwickeln? Welche Kompromisse werden sie ihm aufzwingen? Oder auch, im radikalsten Fall: Welche Systeme werden sie anstelle des Kapitalismus errichten?

Mangels innovativen Reagierens auf das Neue an den bleibenden Herausforderungen des Kapitalismus sind die Strategien, die in der vorigen Periode Volkskräfte mobilisieren konnten (Sozialismus und nationaler Aufbau), heute nicht mehr glaubwürdig. Und schon zeigen sich Lückenbüßer: so etwa das Demokratie-Thema in Verbindung mit (ethnischen und anderen) Formen von Kommunitarismus, die das »Recht auf Differenz« und zuweilen den Ökologismus zur Legitimation heranziehen; so auch das Thema der kulturellen und insbesondere religiösen Eigenart.

Die Mannigfaltigkeit der Kulturen und der Irrweg des Kulturalismus

Die Idee, daß die kulturellen Differenzen nicht nur real und wichtig, sondern auch fundamental seien (so daß der gemeinsame transkulturelle Nenner, der von der Menschheit zu sprechen erlaubt, gegen Null geht), daß diese Differenzen bleibend und stabil, also transhistorisch seien, ist nicht neu. Sie liegt im Gegenteil den gängigen gemeinsamen Vorurteilen aller Völker und Zeiten zugrunde. U.a. haben sich alle Religionen auf diese Art als Ende der Geschichte, als endgültige Antworten definiert. Die Fortschritte der kritischen historischen und sozialen Reflexion, die universalistischen Vorstöße, der Aufbau der Wissenschaften von der Gesellschaft wurden zu jeder Zeit in systematischem Kampf gegen das starre kulturalistische Vorurteil erzielt. Es gilt also, nicht noch einmal zu zeigen, daß diese Weltsicht von der Realgeschichte dementiert wird, sondern zu fragen: Weshalb tritt jene absurde Idee heute dermaßen überzeugend auf? Und weiter: Wohin würde es führen, wenn sie politischen Erfolg hätte?

Diese Fragen sind nicht einfach unmittelbar anhand des Begriffsarsenals einer Theorie der Kulturen zu beantworten, denn sie betreffen das Funktionieren dieser Gesellschaften im Ganzen und in ihrer Interaktion, also den Zusammenhang der kulturellen und der anderen Dimensionen des sozialen Lebens.

Die Theorien der kulturellen Spezifik sind immer enttäuschend, weil sie von dem Vorurteil ausgehen, daß die Differenzen immer ausschlaggebend, die Ähnlichkeiten aber nur zufällig seien, und ihr Programm *a priori* auf dieser Grundlage gestalten. Die ausgewiesenen Differenzen verraten dann die Banalität der Reflexion. Mit Samuel Huntington zu sagen, diese Differenzen seien fundamental, weil sie Gebiete berühren, welche »die Beziehungen des menschlichen Wesens zu Gott, zur Natur, zur Macht« bestimmen, heißt in einem Zuge, offene Türe einzurennen, die Kulturen auf die Religionen zu reduzieren und zu unterstellen, diese würden zwangsläufig jeweils spezifische und signifikant unterschiedliche Vorstellungen von jenen Beziehungen entwickeln. Nun zeigt die Geschichte, daß diese Vorstellungen flexibler sind, als man oft annimmt, und daß die ideologischen Systeme, die sie begründen, je nach den Umständen (die nicht von ihnen abhängen) zu unterschiedlichen oder gleichartigen historischen Evolutionen beitragen. Schlechte Kulturalisten – aber gibt es gute? – haben gestern das Zurückbleiben, heute die beschleunigte Entwicklung Chinas mit demselben Konfuzianismus erklärt. Die islamische Welt des 10. Jahrhunderts war vielen Historikern zufolge nicht nur glänzender, sondern auch mit größeren Fortschrittspotenzen ausgestattet als das christliche Europa jener Zeit. Was hat sich so geändert, daß der Positionswechsel zu erklären wäre: die Religion (genauer gesagt, ihre Interpretation durch die Gesellschaft), etwas anderes oder beides zugleich? Und wie haben diese verschiedenen Instanzen der Realität aufeinander reagiert? Welche waren die treibenden Kräfte? Lauter Fragen, die den Kulturalismus – selbst in gelehrter, weniger grober Ausprägung als bei Huntington – ungerührt lassen. Kulturen sind Kulturen, sie sind spezifisch und differieren, Punkt und Schluß.

Aber was heißt »Kulturen«? Wonach sind sie zu bestimmen? Nach den Zonen der Religionen, der Sprachen, der Nationen, nach homogenen Wirtschaftsregionen, nach politischen Systemen? Huntington benutzt anscheinend die »Religion« als Bezugsbasis für die Bildung seiner »sieben Gruppen«: Westler (Katholiken und Protestanten), Muslime, Konfuzianer (keine Religionsgemeinschaft!), Japaner (Shintoisten oder Buddhisten?), Hindus, Buddhisten und orthodoxe Christen.

Huntington ist offenbar daran interessiert, daß die Kulturzonen eine zur heutigen Welt passende Einteilung abgeben. Dazu braucht er wohl die Trennung der Japaner von den anderen Konfuzianern, der orthodoxen Christen von den Westlern (weil die mögliche Integration Rußlands in Europa für die Strategie seines Auftraggebers, der CIA, ein wahrer Alptraum ist?), dazu auch das Ignorieren der Afrikaner, die, ob nun Christen, Muslime oder Animisten, doch einige Eigenarten besitzen,[4] und sogar der Lateinamerikaner (sind sie, weil Christen, ebenso westlich wie die Westler? Und weshalb sind sie dann unterentwik-

[4] Vielleicht geschah die Unterlassung nur wegen mangelnder wissenschaftlicher Sorgfalt und Sichtbehinderung durch banale rassistische Vorurteile.

kelt?). Und so geht es endlos weiter mit den Absurditäten dieser schlecht gearbeiteten Klassifikation, dieser schlecht geschriebenen Seite eines drittrangigen Eurozentrismus.

Mit alledem gelingt der überraschende Fund, daß sechs dieser sieben Gruppen keinerlei westliche Werte kennen – worunter sich wieder, wie immer in diesem Genre, Bestimmungen des Kapitalismus (der »Markt«) und der Demokratie vermengt finden; beide werden also, den historischen Tatsachen zum Trotz, *a priori* als assoziiert gesetzt. Aber funktioniert der Markt im nicht-westlichen Japan schlechter als in Lateinamerika oder im subsaharischen Afrika? Sind nicht Markt und Demokratie im Westen selbst rezente Erscheinungen? Wird das Christentum des Mittelalters nicht als »westlicher Wert« anerkannt?

Die Ideologien – und insbesondere die Religionen – sind gewiß wichtige Angelegenheiten. Diese Aussage ist jedoch banal. Eine Analyse ihrer Funktionen in einer bestimmten historischen Epoche vor dem Kapitalismus, dem tributären Stadium, wie ich sage, läßt in diesem Rahmen – außer den Spezifiken – Analogien in den betreffenden Funktionen auffinden. Die so definierten tributären »Kulturzonen« sind durchaus nicht »komplett« verschwunden. Aber sie wurden durch den modernen Kapitalismus (den Huntington fälschlich als »westliche Kultur« bezeichnet) von innen her gründlich transformiert. Ich bin zu dem Schluß gelangt, daß diese Kultur des Kapitalismus (und nicht »des Westens«) weltweit dominierte und daß diese Dominanz den alten Tributärkulturen weitgehend den Inhalt nahm. Dort, wo der Kapitalismus seine entwickelten zentralen Formen annahm, trat die moderne kapitalistische Kultur praktisch ganz an die Stelle der alten Kulturen, darunter auch der mittelalterlich-christlichen (in Europa und Nordamerika) und der (ursprünglich konfuzianischen) japanischen Kultur. In den Peripherien konnte dagegen die Dominanz der kapitalistischen Kultur die alten lokalen Kulturen nicht radikal transformieren und vollständig instrumentalisieren. Diese Differenz beruht nicht auf den Eigenarten der verschiedenen Tributärkulturen, sondern auf dem Unterschied zwischen zentralen und peripheren Formen der kapitalistischen Expansion.

In seiner globalen Expansion hat der Kapitalismus den Widerspruch zwischen seinen universalistischen Prätentionen und der in der materiellen Realität produzierten Polarisierung deutlich gemacht. Inhaltlos geworden, erscheinen die vom Kapitalismus beschworenen Werte (Individualismus, Demokratie, Freiheit, Gleichheit, Weltlichkeit, Rechtsstaat usw.) den Völkern, die Opfer des Systems wurden, entweder als Lügen oder als spezielle Werte der »westlichen Kultur«. Dieser Widerspruch ist zwar ständig da, verschärft sich aber in jeder Phase tiefergreifender Globalisierung, wie jetzt. Das System findet nun dank seines typischen Pragmatismus die Mittel, mit diesem Widerspruch umzugehen. Dazu genügt es, daß die einen wie die anderen ihre »Differenz« akzeptieren, daß die Unterdrückten nicht mehr Demokratie und Individualismus, Freiheit und Gleichheit einfordern, sondern ihre vermeintlich »eigenen« Werte, d.h. im allgemeinen das Gegenteil der erstgenannten. So verinnerlichen sie ihren subalternen Status und lassen die kapitalistische Expansion weiterlaufen, die Polarisierung zunehmen, ohne dies ernstlich zu behindern.

Imperialismus und Kulturalismus vertragen sich immer gut. Ersterer äußert sich in der arroganten Überzeugung, daß »der Westen« zum Ende der Geschichte gelangt ist und daß seine Formeln für die Gestaltung der Wirtschaft (Privateigentum, Markt), der Politik (Demokratie) und der Gesellschaft (indivuelle Freiheit) definitiv und unüberwindlich sind. Die sichtbaren realen Widersprüche gelten als Einbildung oder als Produkt unsinnigen Widerstrebens gegen die kapitalistische Vernunft. Für die anderen Völker sei die Wahl einfach: die Werte des Westens akzeptieren oder bei den eigenen kulturellen Spezifiken beharren. Wenn sie, wie anzunehmen, die erste Option als unmöglich ablehnen, wird der Konflikt der Kulturen ausgespielt (die Gesellschaften des Westens hätten untereinander definitiv Frieden geschlossen). Aber in diesem Spiel sind die Karten gezinkt: Der Westen kann nur gewinnen, die anderen nur verlieren. Deshalb kann er nicht nur dulden, sondern sogar dazu anstiften, daß sie die kulturalistische Option wählen. Gefährlich ist sie nur für die Völker, die seine Opfer sind.

Im Gegensatz zu den mythologischen Diskursen vom »Ende der Geschichte« und vom »Konflikt der Kulturen« sucht die kritische Analyse die wirklichen Streitobjekte und Herausforderungen zu bestimmen: Mit Widersprüchen behaftet, die sich innerhalb seiner eigenen Logik nicht überwinden lassen, ist der Kapitalismus nur eine Etappe in der Geschichte; von ihm verkündete Werte gehen so, wie sie formuliert sind, an den Fragen nach seinen eigenen Schranken und Widersprüchen vorbei.

Der selbstgefällige Diskurs des Westens antwortet nicht auf diese Herausforderungen, weil er sie absichtlich ignoriert. Aber der kulturalistische Verweigerungsdiskurs der Opfer weicht ihnen ebenso aus, weil er den Streit auf dem Feld der realen Objekte aufgibt, es dem Gegner überläßt und sich in das Imaginäre der Kulturen flüchtet. Wem hilft es z.B., daß der Islam die Kommandoposten der lokalen Gesellschaft besetzt, wenn die islamischen Gesellschaften in der Hierarchie der Weltwirtschaft nach den Regeln des Systems bei Kompradorisierung und Bazar-Ökonomie stehenbleiben? Wie gestern der Faschismus, operieren die Kulturalismen von heute mit der Lüge; sie geben sich als Antwort auf die Krise und sind in Wirklichkeit Mittel des Krisenmanagements. Um nach vorn zu blicken, statt nach hinten oder unten, muß man gerade die Fragen beantworten, denen die beiden symmetrischen Diskurse ausweichen: Wie kann man die ökonomische Entfremdung, die Ressourcenvergeudung, die globale Polarisierung bekämpfen, wie also die Bedingungen schaffen, um die universalistischen Werte über die vom historischen Kapitalismus gegebenen Formulierungen hinaus voranzubringen?

Gleichzeitig ist die Kritik am kulturellen Erbe, an jedem kulturellen Erbe, immer vonnöten. Die Modernisierung Europas wäre ohne die Kritik, die die Europäer vorher selbst an ihrer Vergangenheit und ihrer Religion übten, undenkbar gewesen. Hätte die Modernisierung Chinas so, wie es aussieht, einsetzen können, wenn der Maoismus nicht zur Kritik an seiner Vergangenheit und namentlich an der konfuzianischen Ideologie übergegangen wäre? In der Folge konnte freilich das Erbe – hier christlich, dort konfuzianisch – wieder in die neue Kultur integriert werden, aber erst nach radikaler Wandlung durch revolutionäre Kritik an der Vergangenheit. In der islamischen Welt geht dagegen die hartnäckige Ablehnung jeder Kritik an der Vergangenheit – und besonders an der Religion – gewiß nicht zufällig mit der andauernden Degradierung der Länder dieser Kulturzone in der Hierarchie des Weltsystems einher.

Krisenmanagement oder Ausstieg aus der Krise?

Ist eine Situation analysiert, so wird normalerweise überlegt, wie sie sich weiterentwickeln könnte. Die übliche Szenario-Methode erfaßt dazu die aktiven Kräfte (ökonomische, politische, ideologische Interessengruppen), die das Feld besetzen, ordnet ihnen Ziele zu, die ihrer Natur entsprechen, und verfolgt dann unter der Annahme, daß die Intervention einer Kraft eine Bewegung auslöst, den Ablauf der Aktionen und Reaktionen der einzelnen Kräfte. Mit dieser Methode läßt sich explizieren, was in den Ausgangsprämissen enthalten ist, und das ist gewiß sinnvoll. Aber sie erlaubt sich zu viel Freiheit bei der Identifikation der vorhandenen Kräfte und läßt daher kaum absehen, wie Zusammenschlüsse und Wandlungen im Verlauf der Konflikte das Bild der handelnden Kräfte, ihre Ziele und schließlich die Resultate verändern.

Ich verwende daher lieber eine Methode, die weniger streng aussieht, aber die »Lehren der Geschichte« und die anschaulichen Synthesen, die sie nahelegt, besser kapitalisiert. Diese Analyse erfolgt in drei aufeinanderfolgenden Schritten: 1. Identifikation der strategischen Ziele der in den spezifischen Strukturen und der Konjunktur der betreffenden Phase dominanten Kräfte sowie der zum Erreichen der Ziele verwendeten Mittel; 2. Untersuchung der Antworten der verschiedenen Volkskräfte und anderen Opfer der dominanten Strategien, ihrer Wahrnehmung der Herausforderungen, ihrer Intervention, der entstehenden Widersprüche und Konflikte und der dadurch geförderten oder ausgeschlossenen Bündnisse; 3. Diskussion über wirksame systemkritische Strategien der Volkskräfte, mögliche Etappenziele, anzuwendende Mittel usw.

Ich verweise den Leser hier auf meine Arbeiten zum System der Periode nach dem Zweiten Weltkrieg, zur Erosion und zum Zusammenbruch desselben und zu dem daraus entstandenen Chaos.[5] Danach waren die jetzigen Politiken der herrschenden Kräfte nicht als dauerhafte kapitalistische Expansionsstrategien, sondern einfach als Praktiken kurzfristigen ökonomischen und z.T. auch politischen Krisenmanagements zu analysieren.[6]

Mit der allmählichen Erosion der Kompromisse, die der kapitalistischen Expansion der Nachkriegszeit zugrunde lagen, begann eine neue Phase, in der das Kapital nun ungehindert versucht, die Utopie einer Verwaltung der Welt gemäß der einseitigen Logik seiner Finanzinteressen durchzusetzen. Nach dieser ersten Schlußfolgerung waren die beiden neuen Ziele der Strategie der dominanten Mächte zu identifizieren: Vertiefung der ökonomischen Globalisierung und Zerstörung der politischen Widerstandsfähigkeit der Staaten, Nationen und Völker. »Die Welt wie einen Markt zu verwalten«, verlangt die maximale Zersplitterung der politischen Kräfte, d.h. praktisch die Zerstörung der Staatsgewalten (legitimiert mit der Ideologie genereller Entstaatlichung), das Aufspalten der Nationen in infranationale Gemeinschaften (ethnischer, religiöser u.a. Art), ihre Schwächung zugunsten supranationaler ideologischer Bindungen (religiöse Integrismen) usw. Für diese Verwaltung wäre es ideal, nur noch einen Staat zu haben, der diesen Namen verdient – die vor allem durch ihre Militärmacht zum alleinigen Weltgendarmen gewordenen USA –, und alle anderen Mächte auf bescheidene Aufgaben der laufenden Marktleitung einzuschränken. Auch das Europa-Projekt ist in diesem Sinn nur als gemeinsame Marktleitung konzipiert; jenseits der Grenzen wird dabei systematisch für maximale Zersplitterung gesorgt (möglichst viele Slowenien, Makedonien, Tschetschenien usw.). Die Themen der »Demokratie« und des »Völkerrechts« werden bemüht, um Ergebnisse zu erzielen, die die Völker außerstand setzen, Gebrauch von der Demokratie und den Rechten zu machen, in deren Namen sie manipuliert wurden. Das Hochspielen der Spezifik und Differenz, die ideologische Mobilisierung für infranationale (ethnizistische) oder supranationale (kulturalistische) Ziele, die Förderung ohnmächtiger Kommunitarismen bewirken, daß Kampfaktionen entgleisen – zur ethnischen Säuberung, zum religiösen Totalitarismus ...

---

[5] Siehe S. Amin, *Itinéraire intellectuel* und *L'Empire du chaos* (Das Reich des Chaos).

[6] Siehe ders., *La gestion capitaliste de la crise* und *L'Ethnie à l'assault des nations*.

Im Rahmen dieser Logik und dieser Strategien ist der »Konflikt der Kulturen« möglich, ja erwünscht. Huntingtons Äußerung zum Thema ist m.E. so aufzufassen. Denn dieser Autor ist kein Intellektueller, sondern ein Beamter, der die politischen Strategien der USA (insbesondere der CIA) rechtfertigen soll. Früher produzierte er Texte, die sich auf den Vorrang der »Entwicklung« beriefen, um die Unterstützung für Diktaturen in der Dritten Welt zu legitimieren (vor dem Themenwechsel zur »Demokratie« als Mittel des Krisenmanagements); heute produziert er den Legitimationstext für Methoden des Krisenmanagements durch Polarisierung der Konflikte aufgrund »kultureller Unverträglichkeiten«. Wie schon gesagt, geht es um nichts weniger als um das Aufzwingen eines Kampffelds, das dem »Westen« den Sieg sichert!

Das Gegenwartsgeschehen, mit der Vielzahl ethnischer und religiöser Konflikte, zeigt wohl die Effizienz dieser vom Gegner gewählten Strategie. Bestätigt es aber die These vom »natürlichen« Konflikt der Kulturen? Ich habe starke Vorbehalte dagegen angemeldet. Die gewaltsamen Bekräftigungen der »Spezifik« gehen selten spontan von den angeblich interessierten Völkern aus, sondern fast immer von herrschenden oder herrschen wollenden Cliquen. Dann werden mit verschiedenen Mitteln Situationen geschaffen, die den Zielen dieser Machtpolitiken (ethnische Säuberung, Diktatur im Namen der Religion usw.) Zustimmung, ja starken Rückhalt sichern. Auch herrschende Klassen, die von der Gesamtevolution des Systems besonders destabilisiert wurden, greifen vermehrt auf kulturalistische oder ethnizistische Strategien zurück. Das gilt für die von einem ungewöhnlichen Umsturz der Institutionen betroffenen Länder Osteuropas, aber auch für die islamische Welt und das subsaharische Afrika, die aus dem Verzeichnis der konkurrenzfähigen industriellen Produzenten gestrichen und daher im Globalsystem marginalisiert wurden. Dagegen leben die Regionen, die besser auf die Herausforderungen der Globalisierungen reagiert haben, ihre »Spezifik« ohne Neurosen aus und machen sie nicht zur Mittellinie ihrer ideologischen Selbstbehauptung und Rechtfertigung ihrer politischen Entschlüsse.

Das gilt für China, das – obwohl konfuzianisch – sich nicht scheut, beim Westen zu entlehnen, und zuweilen sogar gedenkt, von ihm angebahnte Wege weiter zu beschreiten. Das schmälert nicht seinen Nationalismus. Aber dort handelt es sich insofern um einen positiven Nationalismus, als er sich gegen die Mächtigen des Systems (insbesondere die USA) richtet. Anders die Nationalismen, die in der Klemme sitzende herrschende Klassen beschwören: Sie bestimmen sich gegen andere Schwache (z.B. der kroatische antiserbische Nationalismus), niemals gegen die Mächtigen in der Hierarchie des Weltsystems (hier Deutschland und die USA). Diese negativen Nationalismen sind in der Optik des kapitalistischen Krisenmanagements durchaus funktional, die positiven aber überhaupt nicht.

Die lokalen Kulturen passen in ihrer Spezifik und ihrem Verhältnis zum Weltsystem sowie zur dominanten Kultur des Kapitalismus nicht in ein Einheitsschema, aus dem sich eine allgemeine Theorie ableiten ließe, wie der Kulturalismus unterstellt. Die Schlüsselvariablen, die wohl die Differenzen zwischen den Weltregionen erklären könnten, liegen außerhalb des Bereichs der Kulturen. Es gibt keinen systematischen Konflikt der Kulturen; es gibt fundamental andersartige Konflikte, und manche von ihnen besitzen einen kulturellen Aspekt.

Die Weltregionen vor der Herausforderung: ungleiche Potentiale

Damit also zurück zur Globalisierung. So, wie sie von den jetzt etablierten Gewalten vorgeschlagen wird, d.h. als »Globalisierung durch den Markt«, halte ich sie für äußerst verwundbar.[7] Diese These steht natürlich in diametralem Gegensatz zu derjenigen, die der dominante Diskurs unterstellt: daß es »keine Alternative gibt und man sich also um jeden Preis der Globalisierung durch den Markt anpassen muß«.

Dieser dominante Diskurs bemüht scheinbar vernünftige Argumente, und die Medien präsentieren sie, ohne sie zu diskutieren. Dabei sind sie äußerst leichtfertig. Man tut so, als gebe es bereits ein globalisiertes Produktionssystem und daher keine Möglichkeiten mehr für effiziente nationale Politiken. Man tut so, als sei dieses System bereits – oder demnächst – in allen Dimensionen integriert, so daß die globalisierte Dezentralisierung der Produktion und ihre Steuerung mit Hilfe der Informatik die früher nötigen massiven Transfers von Produktionsfaktoren (besonders die Migration von Werktätigen) ablösen und erübrigen. Man tut so, als sei die Konkurrenz auf dem Markt nicht mehr vom Konflikt der Staaten umrahmt und nur noch von Kapitalinteressengruppen mit variabler Geometrie auszutragen. Man tut so, als sei diese neue Welt ohne Staaten (und ohne Nationen, deren Konzept überholt sei) mit der Festigung der Demokratie zu vereinen – denn diese sei nach impliziter Definition gegen den Staat gerichtet – und besonders angenehm für die »kleinen Länder«, die im System der Staaten immer Opfer seien.

Keines dieser Argumente kann der Beobachtung und Reflexion standhalten. Es gibt kein globalisiertes Produktionssystem, obwohl die Effizienz der natio-

---

[7] Siehe S. Amin und andere, *Mondialisation et accumulation.*

nalen Produktionssysteme bereits untergraben ist, und zwar gerade durch die Politiken, die eine ungebremste Globalisierung unterstützen. Die auf den Märkten widerstreitenden Interessen suchen den Rückhalt staatlicher Autoritäten; und die »starken« Staaten im Weltsystem (die USA, Deutschland, Japan) lassen es sich nicht nehmen, diese Autorität zu gebrauchen. Die Globalisierung durch den Markt bedeutet nicht, daß dieser in allen Dimensionen integriert ist, und die im günstigsten Fall vorstellbare Schaffung von Arbeitsplätzen wird den Problemen nicht gerecht; sie bietet keinerlei Aussicht auf Absorption der Reservearmee in den Peripherien. Manche kleinen Staaten hoffen, durch Anlehnung an mächtigere Länder ähnliche materielle Bedingungen zu erlangen wie ihre Partner. Genannt wird hier der Erfolg Tschechiens, das im Begriff ist, sich von Deutschland absorbieren zu lassen. Die betreffende Angleichung bleibt jedoch Ausnahme und nicht Regel (was hat denn Haiti von seiner Integration in den nordamerikanischen Raum!).

Außerdem läßt sich der politische Preis nicht ganz verschweigen. Wird Tschechiens Zukunft an das Los des zur Eindeutschung bestimmten Protektorats Böhmen und Mähren erinnern? Verhaltensweisen von Kompradoren haben immer den Standpunkt der dominanten Mächte unterstützt; so sind sie ja definiert. Doch ist die Krise der Demokratie im Westen selbst nicht gerade die Folge des Sinnverlusts durch den Abbau der Staatsgewalten, die zum Ausdrucksmittel des Volkswillens werden könnten? Dieses neue Mittelalter, dieses Nebeneinander von »Gemeinschaften«, die in Ghettos gesteckt werden und nicht über deren Mauern hinausblicken können, ohne »Staat«, aber mit viel Polizei, ohne die Kapazität, auf das Wirtschaftssystem einwirken zu können – was daran wäre förderlich für den Fortschritt der Demokratie?

Jenem rein ideologischen Diskurs setze ich eine Analyse des Weltsystems entgegen, die ich für weitaus realistischer halte. Ihr zufolge sind drei Kategorien kapitalistischer Gesellschaften zu unterscheiden: zentrale, integriert-periphere und marginalisiert-periphere. Kriterien sind dabei die Wettbewerbsfähigkeit auf den Weltmärkten sowie der Anteil der aktiven Armee am Arbeitskräftebestand (und daher auch der Anteil der Reservearmee, die nicht in Segmenten des Produktionssystems beschäftigt ist, welche der Globalisierung standhalten können). Die erste Gruppe umfaßt die historischen Zentren: USA-Kanada, West- und Mitteleuropa, Japan; sie wird gestärkt durch die »fünf Monopole«, das künftig bestimmende Moment der globalen Polarisierung.[8] Die zweite Gruppe besteht aus den Ländern Osteuropas, der Ex-UdSSR, Ostasiens (China, Korea), Südostasiens und Lateinamerikas (außer Karibik und Mittelamerika); Indien gehört mit Einschränkungen dazu. Diese Länder bilden den Übergang zur Gruppe der Marginalisierten: Afrika, arabische und muslimische Welt.

Derselben Analyse zufolge ergibt sich auch eine Ost-West-Teilung des Weltsystems in zwei Ländergruppen, und zwar nach den Reaktionen auf die jetzige Krise. Im Westen betreiben alle alten Zentren (Nordamerika und Europa) und die assoziierten Peripherien (Lateinamerika, Afrika, Mittlerer Osten, Osteuropa und Ex-UdSSR) gleichartige Krisenmanagement-Politiken nach dem neoliberalen Schema. Deswegen gerieten die betreffenden Zentren in anhaltende Stagnation und die assoziierten Peripherien in steile Abwärtsspiralen (durch Anpassungsprogramme und Schocktherapien). Im Osten erzielt Asien, das sich praktisch den utopischen Vorschriften des »Marktes ohne Staat« verweigert, derartige Wachstumsraten, daß hier nicht von Krise zu reden ist, sondern von der privilegierten Akkumulationszone im Weltmaßstab.

Kreuzt man die beiden Klassifizierungen, so zeigt sich, daß es »*die* Herausforderung der Globalisierung« nicht gibt: Es gibt Herausforderungen, die sich von Region zu Region sehr unterschiedlich äußern; daher der Plural im Titel dieses Buches. Wer von *der* Herausforderung der Globalisierung spricht, läßt sich auf die total ideologische, irreale Redeweise der Marktutopie ein.

Für Europa oder Asien, China oder Rußland, die arabische oder die afrikanische Welt zeichnen sich unterschiedliche Szenarios und mögliche Evolutionen ab. Die Entscheidungen, vor denen die betreffenden Länder und Regionen stehen, sind jeweils ihren besonderen Bedingungen entsprechend zu analysieren; sie lassen sich nie, wie die dominante ideologische Debatte will, auf ein »Ja oder Nein zur Globalisierung« reduzieren. Hier sei daher schließlich, um die Kontraste zu verdeutlichen, jener regionale Gesichtspunkt herangezogen.

Unter allen integrierten Peripherien – die also auch außerhalb des Primärsektors wettbewerbsfähig produzieren – ist Ostasien die Zone, die durch ihre aktive Dynamik der allgemeinen Krise entgeht. Als Region beschleunigter Akkumulation und weitgehend selbstzentriert,[9] wenn auch weltoffen, ist Ostasien weniger durch Pressionen von außen verwundbar.

Ostasien hat nicht, wie die Anhänger des Neoliberalismus behaupten, erst konkurrenzfähige Positionen auf dem Weltmarkt errungen und sich dann auf den Regionalismus »zurückgezogen«. Sein Aufbau geschah durch gleichzeitige Verstärkung der nationalen Basen, der regionalen Interdependenz und der kontrollierten Öffnung nach außen. Das Gewicht Chinas, noch vermehrt durch seine Diaspora, das Rückgrat der ökonomischen Entwicklung in Thailand, Malaysia und Indonesien, zu schweigen von den chinesischen Regionen und

---

[8] Siehe das Kapitel »Die Zukunft der weltweiten Polarisierung«.

[9] Das versteht sich im doppelten Sinn: China ist selbstzentriert, und der Binnenaustausch der Region umfaßt jetzt 60% des Außenhandels der betreffenden Länder.

Städten Taiwan, Hongkong und Singapur, macht die Perspektive eines um China organisierten Ostasiens eher glaubhaft als die Orientierung auf Japan. Diese Wirtschaftsmacht ist labiler, als oft angenommen wurde; sie hat kaum eine andere Wahl als – zusammen mit den USA – auf den Zerfall Chinas zu setzen.

Lateinamerika hat eine nicht minder beachtliche Konkurrenzfähigkeit durch Industrialisierung erreicht, bleibt aber im Bannkreis der Stagnation, die ihm Washington kraft seiner Führungsrolle mit dem neoliberalen Modell aufzwingt. Die regionale Integration ist vorangekommen, auf 22% des Außenhandels seiner Länder, jedoch unter Bedingungen von Krise und relativer Stagnation. Der Kontinent steht vor folgender Alternative: Wird er der eigenen Integration Vorrang geben und gegenüber den USA möglichst selbständig handeln, oder wird er, wie Mexiko mit dem Beitritt zur NAFTA, eine doppelkontinentale Integration von Alaska bis Feuerland akzeptieren, die natürlich von Washington kommandiert würde? Die herrschenden Klassen wählen zur Zeit die zweite Option, die sogenannte liberale Integration im Zuge der globalen Liberalisierung.

Indien besitzt wegen seines Eigengewichts und seiner geografischen Lage einen Handlungsspielraum, der ihm bisher erlaubte, ein nicht unerhebliches Wachstum fortzusetzen und seine wettbewerbsfähigen Kapazitäten auszubauen. Es wird jedoch noch immer von seinen Sozialstrukturen gehemmt; deshalb lassen sich für die verschiedenen möglichen Zukunftsszenarios (Revolution, Zerfall, anhaltender Fortschritt ...) kaum Wahrscheinlichkeitsgrade angeben, die auf realistischen Einschätzungen der Kräfteverhältnisse in diesem kontinentweiten Land beruhen würden.

In Osteuropa und der Ex-UdSSR kam der Zusammenbruch der Sowjetsysteme so jäh und vor noch so kurzer Zeit, daß die Haupttendenz der Neupositionierung dieser Region im Weltsystem nicht abzusehen ist. Unter der Wirkung von »Schocktherapien« geriet die Region in eine Phase stark chaotischer Rückentwicklungen, die auf unterschiedlichste Weise ausgehen kann. Unklar ist noch, ob die herrschenden Klassen und die Völker der Region imstande sein werden, ihr reales Wettbewerbspotential zu ihrem Vorteil zu mobilisieren.

Trotz ihrer Unterschiedlichkeit stehen alle diese Situationen in scharfem Gegensatz zur Lage der marginalisierten Peripherien Afrika, arabische Welt und islamische Welt. Letztere sind in der Arbeitsteilung in dem Status verblieben, der andernorts überwunden wurde. Ob arme Exporteure von Landwirtschafts- und Bergbauprodukten oder reiche Nutznießer der Erdölrente, sind doch alle diese Länder bisher nicht fähig, eigene Strategien der Einordnung in das Weltsystem zu definieren. Deshalb setzt hier der Norden seine Initiativen durch, so mit den Assoziierungsabkommen (von Lomé), die die EU Afrika aufnötigt, mit den Brüsseler Initiativen für den »Mittelmeerraum« wie auch mit dem amerikanischen Projekt für einen »integrierten Mittleren Osten« im Umkreis Israels. Der historische Rückstand dieser Regionen, die keine wirkliche Wettbewerbsfähigkeit auf dem Weltmarkt erzielt haben, erklärt auch, weshalb Initiativen zum Regionalaufbau (wie in Asien und Lateinamerika) hier keine Basis finden. Zugleich führte das Ausbleiben von Auseinandersetzungen auf den realen Feldern der Ökonomie (strategische Optionen für die langfristige Einordnung in das Weltsystem) und der Politik (Optionen für die Leitung der nationalen Systeme) hier zum Verschieben des Streits auf die suprastrukturale Ebene illusorischer Optionen, der Grundlage für religiöse oder ethnische Fundamentalismen.

Jenseits der sehr unterschiedlichen Möglichkeiten, die sich für die verschiedenen Regionen eröffnen oder verschließen, ist eine Alternative zu benennen, vor der jede »Regionalisierung« steht. Es geht um die jeweils leitende Auffassung. Regionalisierung als angemessene Form einer Abkopplung – d.h. einer beherrschten Öffnung – nach Maßgabe der Evolutionen, die der Erfolg der »integrierten« Peripherien ausgelöst hat? Oder Regionalisierung als Zwischenstufe in der liberalen Perspektive der Globalisierung? Die Alternative berührt eine weitere Grundsatzentscheidung: Regionalisierung im Umkreis eines bestimmenden Zentrums (USA-Lateinamerika; EU-Osteuropa-Afrika-arabische Welt; Japan-Südostasien) oder unabhängig davon? Ich verweise hier auf meine Analyse der Optionen bei verschiedenen möglichen Regionalisierungsformen.[10] Eine Mittellinie zwischen diesen beiden extremen Positionen führt auf die Vorstellung einer Neugliederung der Welt in etwa 15 Regionen, die sich im Umkreis von hegemonialen oder zumindest lokal bestimmenden Mächten – mit jeweils engen Beziehungen zum Norden – organisieren würden: z.B. das südliche Afrika um Südafrika, der Mittlere Osten um Israel oder das Tandem Israel-Ägypten, Mittelasien um Rußland, die Türkei oder den Iran, der Südteil Amerikas um Brasilien, Osteuropa um Deutschland, Südostasien um China. Diese Mittellinie, die höchstwahrscheinlich die mittelfristige Evolution bestimmen könnte, würde wohl einem Globalsystem entsprechen, das durch verschärfte Konkurrenz innerhalb des Nordens gekennzeichnet wäre. Sie hat auch den Vorteil, daß sie größere Chancen für die Kristallisierung neuer Zentren bietet, worauf nationale Projekte bereits abzielen (so in China, in geringerem Maß in Indien und Lateinamerika) oder künftig abzielen könnten (so in Rußland oder, unter ernsteren Erschwernissen, in der arabischen und afrikanischen Welt).

Die offenbar realistischsten Prognosen für die absehbare Zukunft folgen dieser Logik. Für den Fall, daß die jetzige Krise des Kapitalismus ohne größeren

[10] Siehe S. Amin, *Regionalization in the Third World.*

Zusammenbruch überstanden wird, läßt sich unschwer eine neue Etappe der globalen kapitalistischen Expansion vorstellen, die gerade auf der Beschleunigung der Akkumulation in den (oder in einigen) integrierten Peripherien beruht. Damit würde der Austausch zwischen den alten Zentren und diesen Peripherien expandieren. Man käme also wieder auf ein Modell, das wie im 19. Jahrhundert durch horizontale (geografische) Expansion des Gesamtsystems und ausgeprägtes, generell den Zuwachs des BIP in den beteiligten Subsystemen übersteigendes Wachstum des Welthandels gekennzeichnet wäre. Das steht im Kontrast zu dem Modell, das im 20. Jahrhundert dominierte und zu dessen Merkmalen, den Brüchen in der »globalisierten Interdependenz« (Abkopplung der sozialistischen Systeme; verstärkte Kontrolle der Außenbeziehungen in den Dritte-Welt-Ländern des national-bürgerlichen Bandung-Projekts), die einen gewissen Teilrückzug der Zentren auf die eigenen Linien, mit intensiverer vertikaler Expansion in diesen Regionen und auf Kosten des Nord-Süd-Austauschs expandierendem Nord-Nord-Austausch, bewirkten.

Zu prüfen bleibt, ob die neue horizontale Expansion die Kristallisierung von neuen Zentren, wie im 19. Jahrhundert geschehen, und damit eine Art »Aufholen im System« erlaubt, oder ob die Monopole der etablierten alten Zentren eher zu der neuen Polarisierung führen, deren Züge ich oben skizziert habe.[11] Offen bleibt auch, ob die beschleunigte Expansion in den neuen integrierten Peripherien ausreichen wird, um dort die Reservearmee zu integrieren, oder ob sie das nicht vermag und daher soziale Bewegungen hervorrufen wird, die die exklusiven Logiken der kapitalistischen Akkumulation in Frage stellen. Das Eingreifen der Völker in ihre Geschichte kann natürlich nie außer Betracht bleiben. Das gilt, außer für die hier behandelten integrierten Peripherien, auch für die Völker der Zentren, die auf manchen Gebieten der systemkritischen Ideologie und Kultur weiter fortgeschritten sind als andere, und für die Völker der aussichtslos in krimineller Marginalisierung festgehaltenen Peripherien.

Die lange Transition vom Kapitalismus zum Sozialismus

Um eine Strategie für den Kampf der Volksmassen zu definieren, muß von der Analyse der Widersprüche des Kapitalismus und ihrer Formen in der jetzigen Phase ausgegangen werden. Diese Strategie ist also dem Wesen nach vor allem ein Kampf gegen die ökonomische Entfremdung, die Ressourcenvergeudung und die weltweite Polarisierung. Wenn diese Kämpfe auf lokaler, nationaler,

[11] Siehe das Kapitel »Die Zukunft der weltweiten Polarisierung«.

regionaler und globaler Ebene entfaltet werden, muß für Kohärenz der Aktionen gesorgt werden; das wird manchmal in einem Satz zusammengefaßt: »Global denken, lokal handeln.« Will man den Realismus – die sofortige Effizienz der Aktion – und die langfristige Perspektive (die aus der Analyse der wesentlichen Widersprüche des Kapitalismus abgeleiteten Befreiungsziele) vereinen, so wird es nötig, den formalistischen, viel zu abstrakten Gegensatz zwischen »Reform« (nach Voraussetzung innerhalb des Systems, namentlich in seiner globalen Dimension) und »Revolution« (oder Ausscheiden aus dem System des Kapitalismus und zugleich aus dem Weltsystem, solange dieses auf den Prinzipien des Kapitalismus beruht) fallenzulassen. In dem Bemühen, Realismus und Perspektive zu vereinen, ist der Akzent dann eher auf das Streben nach, sozusagen, »radikalen Reformen« zu setzen, die nicht vollständig und in allen Dimensionen mit den Logiken des Systems brechen, aber deren Bedeutung verändern und so ihre Überwindung aus dem Innern des Systems heraus vorbereiten.

Diese Studie sollte keine konkreten Befreiungsstrategien definieren, was im übrigen nur jeweils für ein Land zu einem gegebenen Zeitpunkt seiner Evolution sinnvoll wäre. Das Ziel war bescheidener: ein Reflexionsrahmen für die Debatte über diese Strategien. Ich ziehe daher nur einige prinzipielle Schlußfolgerungen zu vier großen Herausforderungen, vor denen die Völker stehen:

Erstens: Die Herausforderung des »Marktes«: Es gilt, weder jede Form sog. Marktwirtschaft prinzipiell abzulehnen und sie durch eine allgemeine, zentralisierte und bürokratische Planung (die übrigens keineswegs sozialistisch wäre) zu ersetzen, noch die soziale Reproduktion den Zwängen des Marktes zu unterwerfen (wie die dominante Ideologie und die entsprechenden Politiken vorsehen). Es kommt darauf an, genauer die Ziele und Mittel (juristischer, administrativer, organisatorischer, sozialer und politischer Art) zu bestimmen, die es gestatten, Randbedingungen für den Markt zu setzen und ihn einer sozialen Reproduktion dienen zu lassen, welche den sozialen Fortschritt sichert (Vollbeschäftitung, größtmögliche Gleichheit usw.). In diesem Rahmen wird die Verbindung unterschiedlicher Eigentumsformen – privat und öffentlich, staatlich, kooperativ usw. – gewiß noch lange geboten sein.

Zweitens: Die Herausforderung der »Weltwirtschaft«: Es gilt, die falsche Debatte – für Einordnung in das Weltsystem und Streben nach Aufbesserung der eigenen Position in seiner Hierarchie, oder für endgültiges Ausscheiden aus dem System – zu beenden und statt dessen die realen, unumgänglichen Zwänge zu diskutieren, die sich aus der Globalisierung heute für selbständige Politiken nationaler und volksverbundener sozialer Entwicklung ergeben. D.h. die Handlungsspielräume zu nutzen, die es gestatten, das Verhältnis Innen/Außen umzukehren, die einseitige Anpassung an äußere Zwänge abzulehnen und das Weltsystem zu zwingen, sich seinerseits den Erfordernissen unserer eigenen Entwicklung anzupassen. Das, was ich Abkopplung nenne, definiert eines der großen Wirkungsfelder für die Realisierung der nötigen radikalen Reformen.

Drittens: Die Herausforderung der »Demokratie«: Es gilt, weder in den jetzigen Formen der bürgerlichen («liberalen«) Demokratie das Ende der Geschichte zu erblicken, noch sie durch Praktiken des Populismus zu ersetzen. Yves Bénot bemerkt zu Recht, daß die Trennung zwischen juristischen Rechten und sog. sozialen Rechten abzulehnen ist. Wieder als Einheit gefaßt, wie es ihnen zukommt, drücken sie gemeinsam das »Recht zu leben« aus, dessen Permanenz («die Menschen sind nicht nur von Geburt aus, sondern auch weiterhin frei und gleich«) die Gesellschaft durch spezifizierte Rechte auf Bildung, Arbeit, Gesundheit, Ruhestand usw. zu sichern hat. Nur so ist die Widerspruchsfreiheit zwischen dem Freiheits- und dem Gleichheitsprinzip zu sichern; der Gegensatz zwischen beiden aber ist die gemeinsame Grundlage der bürgerlichen Ideologie wie der populistischen und der stalinistischen Version der »sozialen Rechte«. In seinem Krisenmanagement geht das Kapital jetzt darauf aus, unter Berufung auf den Individualismus diese Rechte praktisch abzuschaffen und doch den Schein der formellen Demokratie zu wahren. Man muß ihm eine fortschrittliche Auffassung der Rechte entgegensetzen; gerade sie definieren auch die Randbedingungen für den Markt.

Viertens: Die Herausforderung des »nationalen und kulturellen Pluralismus«: Es gilt, weder eine homogene oder angeblich homogene Gemeinschaft (die Nation, die Ethnie oder die Religionsgemeinschaft) zum notwendigen exklusiven Rahmen der Machtausübung zu erheben, noch zu bestreiten, daß der Pluralismus auf diesen Gebieten die Achtung der Spezifiken und Differenzen durch die demokratische Macht erfordert. Ziel der Befreiungsstrategien muß es sein, Koexistenz und Interaktion höchst unterschiedlich definierter Gemeinschaften im Rahmen des größtmöglichen politischen Raums zu organisieren.

Die Handlungsspielräume, welche die Volkskräfte zu ihren Gunsten und für realisierbare radikale Reformen mobilisieren können, hängt sichtlich von den konkreten Bedingungen ab, die lokal (Möglichkeiten der Isolierung von Kompradorengruppen, die global dominante reaktionäre Logiken hineintragen), regional (Erfolge im Aufbau von Fronten des Südens gegen die Logiken der Globalisierung) und global (Erfolge in der Isolierung der Hegemonialmacht USA und ihrer Hauptverbündeten) bestehen. Anliegen von Kämpfen der Volksmassen ist es, diese Handlungsspielräume allmählich zu erweitern.

Sollen politische Aktionsstrategien umgesetzt werden, welche diese vier Gruppen von Herausforderungen ernstnehmen, so führt das unmittelbar zur Neuaufnahme der Debatte über die Transition vom Kapitalismus zum Sozialismus.

Zu diesen Fragen konnte der Marxsche Marxismus nur auf die Erfahrungen der Pariser Kommune eingehen; aus ihnen hat er wesentliche Lehren gezogen. Danach entwickelte der Marxismus der II. Internationale eine linear-evolutionistische Auffassung von der weltweiten Expansion des Kapitalismus und ihrer Tendenz, die Bedingungen der Ausbeutung der Arbeit anzugleichen und dadurch eine Weltrevolution vorzubereiten. Die Leninsche Theorie der schwachen Kettenglieder, von denen die Epoche der sozialistischen Revolutionen ausgeht, eröffnete die Kritik jener Auffassung. Die historischen Zwänge (die verzögerte Expansion der Revolution außerhalb Rußlands) drängten schrittweise zu einer Theorie des Aufbaus des Sozialismus in den vom kapitalistischen Joch befreiten Ländern; sie entstand im Rahmen dessen, was dann die »marxistisch-leninistische« Form des historischen Marxismus bildete. Der Maoismus stellte sich in diese Perspektive und verstärkte sie durch eine These über die Revolution unter Bedingungen des peripheren Kapitalismus (permanente Revolution in Etappen) sowie durch eine Kritik der sowjetischen Theorie und Praxis des Sozialismusaufbaus, die zu Recht als Projekt für einen »Kapitalismus ohne Kapitalisten« bewertet wurden.

Die allgemeine Theorie der Transition vom Kapitalismus zum Sozialismus, die sich aus der historischen Erfahrung des 20. Jahrhunderts ergab, beruhte demnach auf zwei Grundpfeilern:

- der Vorstellung von einem absoluten Kontrast zwischen kapitalistischen und sozialistischen Gesellschaften und daher der absoluten und vollständigen Ablehnung der Idee, daß sich Elemente der neuen Gesellschaft im Schoß der kapitalistischen Gesellschaft entwickeln könnten;
- der daraus folgenden Auffassung, daß die Transition zum Sozialismus im Weltmaßstab die Form eines Konflikts zwischen dem »Lager der sozialistischen Länder« und dem der noch kapitalistischen Länder annehmen würde, auch wenn der Konflikt im Rahmen der friedlichen Koexistenz und des friedlichen Wettstreits auszutragen wäre.

Der Zusammenbruch der Sowjetsysteme zum einen, und zum anderen der Verzicht Chinas auf das maoistische Projekt des sozialistischen Aufbaus, das durch ein Projekt national-kapitalistischer Entwicklung ersetzt wurde, stellen die Dogmen des Marxismus-Leninismus über die Transition und den angeblich unumkehrbaren Charakter des sozialistischen Aufbaus in Frage.

Entgegen diesen von der Geschichte entkräfteten Theorien unterbreite ich vier einander ergänzende Thesen, anhand derer die Debatte über die Transition zum Sozialismus im Weltmaßstab wieder eröffnet werden könnte.

- Der Kapitalismus ist kein langfristig lebensfähiges System. Er beruht auf drei brüchigen und gefährlichen Grundlagen:

a) der Entfremdung der Arbeit, die den demokratischen und humanistischen Bestrebungen die Entfaltungsmöglichkeit nimmt;

b) der Polarisierung, der Folge seiner weltweiten Expansion, die die Mehrheit der Völker der Welt dazu verurteilt, nicht den Lebensstandard erreichen zu können, den er der Minderheit bietet;

c) dem kurzfristigen ökonomischen Kalkül, das jede Hoffnung darauf nimmt, daß die Erfordernisse der Ökologie und des Überlebens des Planeten in den Logiken der Akkumulation ernsthaft berücksichtigt werden könnten.

So hätten die permanente Akkumulation und das exponentielle Wachstum, das sie nach sich zieht, den sicheren Tod der Menschheit zur Folge. Die Überwindung des Kapitalismus ist notwendig. Im übrigen ist sie vorbereitet durch den außerordentlichen Entwicklungssprung der Aktionsmittel der Menschheit, den die Akkumulation (als historische Parenthese) einst darstellen wird, und durch den damit einhergehenden ethischen und kulturellen Reifeprozeß.

■ Der Kapitalismus hat die Zivilisation bereits globalisiert, wenn auch auf ungleiche und unannehmbare Art. Der Sozialismus, der ihn abzulösen hat, wird nur dann eine höhere Zivilisation sein, wenn er ebenfalls global ist und in dieser Dimension die Ungleichheiten korrigiert, die der kapitalistischen Form eignen. Der Aufbau des Sozialismus im Weltmaßstab wird daher mit Notwendigkeit der Vorstellung von einer langfristigen Transition folgen.

■ Der Sozialismus ist eine wahrhaft neue Zivilisation, weil er die drei Grundlagen der kapitalistischen Expansion umkehrt; er ist nicht auf eine Art »Kapitalismus ohne Kapitalisten« zu reduzieren, der dem Kapitalismus in seinen Hauptkonzepten zur Technologie sowie zur Organisation der Arbeit und des Lebens gleichen und sich damit begnügen würde, »soziale Ungerechtigkeiten« namentlich dadurch zu korrigieren, daß er kollektive Eigentumsformen anstelle des Privateigentums einführt. Sein Aufbau ist daher ein langer historischer Prozeß. Es ist sinnlos, nach wenigen Jahren zu proklamieren, dieser Aufbau sei abgeschlossen, wie das in der UdSSR und in China getan wurde.

■ Man wußte, daß der Kapitalismus innerhalb des Feudalismus entstanden war und sich lange darin entwickelt hatte, ehe er diese Schale durchbrach und abstreifte. Muß die Entwicklung des Sozialismus nicht einen in mancher Hinsicht ähnlichen Weg nehmen? Kennzeichnend für die lange Transition wäre in diesem Fall der allen Gesellschaften der Welt innewohnende Konflikt zwischen den Kräften und Logiken, welche die kapitalistischen Gesellschaftsverhältnisse reproduzieren, und den Kräften und Bestrebungen, die von systemkritischen, antikapitalistischen Logiken ausgehend die sozialistische Zukunft der Welt vorbereiten.

Literatur

Abu Lughod, Janet, Before European Hegemony. The world system AD 1250-1350, New York, Oxford University Press, 1989

Amin, Samir, Le développement inégal, Paris, Ed. du Minuit, 1973; deutsch: Die ungleiche Entwicklung, Hamburg, Hoffmann & Campe, 1975

Ders., La loi de la valeur et le matérialisme historique, Paris, Minuit, 1977

Ders., Classe et Nation dans l'histoire et la crise contemporaine, Paris, Minuit, 1979

Ders., La déconnexion, Paris, La Découverte, 1985

Ders., L'Eurocentrisme, Paris, Anthropos-Economica, 1988

Ders., Impérialisme et sous-développement en Afrique, 2. Aufl. Paris, Economica, 1988

Ders., La faillite du développement en Afrique et dans le Tiers-monde, Paris, L'Harmattan, 1989

Ders., L'Empire du chaos, Paris, L'Harmattan, 1991; deutsch: Das Reich des Chaos, Hamburg, VSA, 1992

Ders., in: Les enjeux stratégiques en Méditerranée, Paris, L'Harmattan, 1992

Ders., »Can Environmental Problems be Subject to Economic Calculations?«, in: World Development, Washington, 20 (1992) 4, S. 523-540

Ders., Itinéraire intellectuel, Paris, L'Harmattan, 1993

Ders., L'ethnie à l'assault des nations, Paris, L'Harmattan, 1993

Ders., in: Mondialisation et accumulation, Paris, L'Harmattan, 1993

Ders., »Le défi des périphéries à la gauche européenne«, in: Alternatives Sud, Louvain, 1 (1994) 3; deutsch: »Die Herausforderung der Peripherien an die europäische Linke«, in: PDS International, Berlin, 2 (1996) 2

Ders., La gestion capitaliste de la crise, Paris, L'Harmattan, 1995

Ders., Les défis de la mondialisation, Paris, L'Harmattan, 1996.

Ders., »Thesen zum Übergang vom Kapitalismus zum Sozialismus«, in: Das Argument, Berlin, 38 (1996) 4

Ders., »Das Projekt des postmaoistischen Chinas«, in: PDS International, 3 (1997) 1

Ders., Regionalization in the Third World, Helsinki, WIDER-UNU, 1997

Arrighi, Giovanni, »The development illusion: A reconceptualization of the Semi peripheries«, in: Martin, N. G. (Hrsg.), Semiperipheral States in the World Economy, Beverly Hills, Sage, 1985

Ders., in: Le grand tumulte, Paris, La Découverte, 1991
Ders., »The three hegemonies of historical capitalism«, in: Review, 12 (1990) 3
Bairoch, Paul, Mythes et paradoxes de l'histoire économique, Paris, La Découverte, 1994.
Beaud, Michel, L'économie mondiale dans les années 80, Paris, La Découverte, 1989
Bergesen, Albert (Hrsg.), Studies in the Modern World System, London, Academy Press, 1980
Ders., »Where is the world system headed?«, in: Sociological Perspectives, 1990
Blaut, J. M., »Colonialism and the rise of capitalism«, in: Science and Society, 1990
Braudel, Fernand, La civilisation matérielle, économie et capitalisme aux XVe-XVIIe siècles, Bd. 1-3, Paris, Armand Colin, 1979; deutsch: Sozialgeschichte des 15.-18. Jahrhunderts. Der Alltag/Der Handel/Aufbruch zur Wirtschaft. 3 Bde. München, Kindler, 1990
Chase Dunn, Christopher/Hall, Thomas D. (Hrsg.), Core/Periphery Relations in Precapitalist Worlds, Boulder, Westview Press, 1991
Coedes, G., Les Etats hindouisés d'Indochine et d'Indonésie, Paris, Ed. de Broccard, 1948
Chaudhuri, K. N., Trade and Civilization in the Indian Ocean. An Economic History from the Rise of Islam to 1750, Cambridge University Press, 1985
Ekholm, Kajsa, »Capitalism, imperialism and exploitation in ancient world systems«, in: Review, 6 (1982) 1
Foster, John Bellamy, The Theory of Monopoly Capitalism, New York, Monthly Review Press, 1986
Frank, André Gunder, World Accumulation 1492-1789, New York, Monthly Review Press, 1978
Ders., Transitional Ideological Modes: Feudalism, Capitalism, Socialism. Critique of Anthropology, Beverly Hills, Sage, 1991
Ders., »A theoretical introduction to 5000 years of world system history«, in: Review, 12 (1990) 2
Fukuyama, Francis, »The End of History«, in: The National Interest, Washington, summer 1989; deutsch: Das Ende der Geschichte. Wo stehen wir? München, Kindler, 1992
Goldstein, Joshua, Long Cycles, Prosperity and War in the Modern Age, New Haven, Yale University Press, 1988
Grefferi, Gary/Korzeniewiez, Miguel, Commodity Chains and the Footwear Industry, in: Martin, N. G. (Hrsg.): Semiperipheral States in the World Economy, Beverly Hills, Sage, 1985

Huntington, Samuel, »The Clash of Civilizations«, in: Foreign Affairs, Washington, summer 1993; deutsch: Kampf der Kulturen. Die Neugestaltung der Weltpolitik im 21. Jahrhundert. München, Europa-Verlag, 1996

Keohane, Robert, »The theory of hegemonic stability and changes in international economic regimes 1967-1977«, in: Ole Holsti (Hg.), Change in the International System, Boulder, Westview Press, 1980

Kreye, Otto, u.a., The New International Divion of Labour, Cambridge University Press, 1980

Marseille, Jacques, Empire colonial et capitalisme français, Paris, Albin Michel, 1984

Mann, Michael, The Sources of Social Power, Bd. 1, bis 1760, Cambridge University Press, 1986; deutsch: Geschichte der Macht. Bd. 1: Von den Anfängen bis zur griechischen Antike; Bd. 2: Vom römischen Reich bis zum Vorabend der Industrialisierung. Frankfurt a. M., Campus, 1991/1994

Mcneill, William, The Rise of the West, University of Chicago Press, 1963

Pastré, Olivier, Les nouveaux piliers de la finance, Paris, La Découverte, 1992

Polanyi, Karl, The Great Transformation, 1944; deutsch: The Great Transformation, Frankfurt a. M., Suhrkamp, 1978

Ders., Trade and Markets in Early Empires, Glencoe, The Free Press, 1957

Rowlands, Michael (Hrsg.), Centre and Periphery in the Ancient World, Cambridge University Press, 1987 (Beiträge von Phil Kohl [Mittelasien], Marfoe, Moorey, Larsen, Zaccagnini, Liverani [Naher Osten], D. Nash [Rom], C. Hasekgrove, L. Hedeager [Germanien])

Szentes, Tamás, Theories of World Capitalist Economy, Budapest, Akademiaikiado, 1985

Wallerstein, Immanuel, The Modern World System, Bd. 1-3, Academic Books, 1974, 1981, 1989; deutsch zum Teil in ders.: Das moderne Weltsystem. Kapitalistische Landwirtschaft und die Entstehung der europäischen Weltwirtschaft im 16. Jahrhundert, Frankfurt a. M., Syndikat, 1986

Ders., »L'occident, le capitalisme et le système monde moderne«, in: Sociologie et Sociétés, Montréal, 22 (1990) 1

Ders., »Système mondial contre système monde, le dérapage conceptuel de A. G. Frank«, in: Sociologie et Sociétés, 22 (1990) 2

Wilkinson, David, »Central civilization«, in: Comparative Civilization Review (1989) 17

Außerdem beziehen sich die Texte explizit oder implizit auf Studien aus der Review des Fernand Braudel Center in Binghampton, USA, sowie auf die Jahresbände des Centers (beide Publikationsreihen erscheinen seit 19 Jahren).